医疗保险创新支付制度：
理论与实践

张璐莹　著

科　学　出　版　社

北　京

内 容 简 介

在全民医保的背景下，建立管用高效的医疗保险支付机制成为促进我国医疗保障制度高质量发展的着力点。医疗保险发挥战略性购买作用，通过支付制度建立起面向医药服务提供者的激励约束机制，引导供方以人群健康价值为目标，将筹集的资源转化为高质量、有效率的医药卫生服务和良好的健康结果，从而促进健康中国战略实施。作者基于多年来在医疗保险领域的研究经历与思考，为读者呈现较为完整的医疗保险创新支付制度理论和支付工具，并介绍我国医疗保险支付制度的改革动因、特色创新和改革进展。本书不仅引入了国际战略性购买和创新支付的先进理念，更注重对中国制度环境下支付制度改革的实践分析，希望通过理论与实践的有机结合，帮助读者深入理解我国医疗保险支付制度面临的挑战和发展方向。

　　本书可供医疗保障和医疗卫生领域的管理者、研究者及高校相关专业的师生参考借鉴，也可供医疗保险和医药卫生相关管理部门决策参考。

图书在版编目（CIP）数据

医疗保险创新支付制度：理论与实践 / 张璐莹著. —北京：科学出版社，2024.4

ISBN 978-7-03-059896-7

Ⅰ. ①医… Ⅱ. ①张… Ⅲ. ①医疗保险-支付方式-保险改革-研究-中国 Ⅳ. ①F842.613

中国版本图书馆 CIP 数据核字（2018）第 282829 号

责任编辑：陈会迎 / 责任校对：王晓茜
责任印制：张　伟 / 封面设计：有道设计

科 学 出 版 社 出版

北京东黄城根北街 16 号
邮政编码：100717
http://www.sciencep.com

北京建宏印刷有限公司印刷
科学出版社发行　各地新华书店经销

*

2024 年 4 月第 一 版　开本：720×1000　1/16
2024 年 4 月第一次印刷　印张：10 3/4
字数：217 000

定价：118.00 元
（如有印装质量问题，我社负责调换）

序

认识张璐莹博士是在她就读于复旦大学社会医学与卫生事业管理专业硕士研究生时,其后她顺利转博。在研究生阶段,她孜孜不倦于毕业课题"完善新型农村合作医疗筹资与支付制度的实证研究",并参与了多项医疗保险相关课题研究。我钦佩她的专注与不懈,也为她在医疗保险研究领域的积累与取得的成绩而感到欣喜。

2009年,她顺利博士毕业并留校工作,在此后的10多年中我们合作研究于医疗保险与卫生政策研究方向,涉及医疗保险支付制度、医疗保险公平性与可持续性、公立医院改革评估、药品价格、药品集中采购、药物经济学等领域。她认真负责、精益求精的科研态度不仅保证了研究项目的顺利进行与研究成果转化,也帮助她积累了对于医疗保险支付制度理论与实践的深刻理解,由此汇集成该书。

该书基于多个地市的案例调研,运用国际前沿的战略性服务购买理论,建构了中国医疗保险制度发展过程中支付制度改革实践的体系框架,阐明了医保支付方式在中国卫生体系框架下面临的诸多挑战与难点,并以实例的方式为我们详细分析了各地在致力于医保支付改革实践过程中的制度与政策环境,以及不同支付方式的内在维度及其作用机制,为我们呈现了医保支付改革实践所取得的进展及面临的挑战与问题,相信能为相关决策和管理部门提供新的启示与借鉴。

张博士抱着审慎态度,以严谨的科学精神,基于典型案例的现场第一手资料,运用前沿理论,分析了各地复杂的医疗保险与卫生服务体系,解构了医保支付制度的内在要素,这是目前国内医疗保险领域较为少见的实施研究与比较研究,这将为进一步的学术研究奠定坚实基础。

张博士作为年轻的医疗保险研究者,工作扎实细致,分析精准严密,推论严谨求实,建议务实创新,体现了新一代研究工作者的精神风貌和发展潜力。她在多次国内外学术论坛上做课题介绍与专题演讲,得到了同行的高度好评与肯定。

中国医疗保险制度在极短时间内取得了令世人瞩目的伟大成就,实现了全民医疗保险覆盖,显著提高了保障水平。在欣喜之余,我们也应看到,医疗保险制度发展仍然存在不平衡不充分情况，制度整合仍面临极大挑战，在此基础上实现"将有限的资源转化为有效的服务"将面临更大的压力与考验。基于战略性购买理论的支付方式与协议管理将可能是有效的应对策略选择。张博士的这本专著所提供的正是这一策略的理论分析与实践案例剖析，具有极其重要的现实意义和指导价值。

陈　文

前　　言

　　高质量发展是新时代基本医疗保险制度发展的方向。当前,我国已经实现基本医疗保险全覆盖,正朝着建立更加公平可持续的医疗保障制度、实现全民健康覆盖的方向迈进。在有限卫生资源的约束下,如何更好地满足人民群众不断增长的卫生服务需求并改善卫生系统绩效,是世界各国医疗保险和卫生政策制定者及研究者努力解决的难题,建立管用高效的医疗保险支付机制成为着力点。这要求医疗保险发挥战略性购买作用,尤其是通过支付制度建立起面向医药服务提供者的激励约束机制,引导供方以人群健康价值为目标,将筹集的资源转化为高质量、有效率的医药卫生服务和良好的健康结果,从而促进健康中国战略实施。

　　作者多年来持续关注我国医疗保险制度尤其是支付制度的改革发展,有幸参与和见证了多地医疗保险支付制度不断发展和完善的历程,敬佩于医疗保险改革者不畏艰难、敢为人先的精神,受教于各地实践探索对医疗保险理论的发展和深化。与同行分享在医疗保险制度发展中学习的所思所得,是作者撰写本书的初衷。

　　全书的内容结构分为理论篇和实践篇两部分。理论篇包括第一章到第四章,第一章为医疗保险支付制度与战略性购买,介绍国际上较为前沿的战略性购买理念,分析医疗保险支付制度在战略性购买中的作用;第二章为医疗保险常规支付方式设计,详细介绍了支付方式的设计和实施要点;第三章为医疗保险创新支付方式,介绍近年来国际上三种创新支付方式探索;第四章为医疗保险协议管理。实践篇包括第五章到第八章,第五章为我国医疗保险支付制度的改革思路,分析改革的动因、历程和方向;第六章为我国医疗保险支付制度典型实践案例,分析五个城市近年来支付制度创新改革的实践探索和成效;第七章为我国医疗保险支付制度改革进展;第八章为我国医疗保险创新支付制度改革建议。

　　本书不仅引入了国际上战略性购买和创新支付的先进理念,更注重对中国制度环境下支付制度改革的实践分析,希望通过理论与实践的有机结合,帮助读者深入理解我国医疗保险支付制度面临的挑战和发展方向。本书可供医疗保障和医疗卫生领域的管理者、研究者及高校相关专业的师生参考借鉴,也可供医疗保险和医药卫生相关管理部门决策参考。

　　我国医疗保险支付制度的理论和实践正处于不断变革创新的发展过程中，支付制度的创新思路不断涌现，一些探索性的实践效果有待时间的检验。由于时间和精力的限制，本书的内容难免有疏漏之处，敬请各位专家、学者批评指正。

　　本书得到了国家自然科学基金项目、上海市浦江人才计划、中国国家留学基金、美国中华医学基金会项目的资助。本书在撰写过程中得到了陈文教授的学术指导，以及刘心怡、尚春晓、王欣、童禧辰、张芃在文字审校方面的协助，在此表示衷心感谢。谨以此书致谢多年来对我给予指导和帮助的师长和朋友，以及对我的科研工作给予理解与支持的家人。

作　者

目　录

理　论　篇

第一章　医疗保险支付制度与战略性购买 ……………………………………3
　　第一节　医疗保险的战略性购买者定位 …………………………………3
　　第二节　医疗保险支付制度及其在战略性购买中的作用 ………………9
　　本章参考文献 ………………………………………………………………14

第二章　医疗保险常规支付方式设计 ………………………………………15
　　第一节　医疗保险支付方式概述 …………………………………………15
　　第二节　总额预算 …………………………………………………………18
　　第三节　按人头支付 ………………………………………………………24
　　第四节　按病种支付 ………………………………………………………31
　　第五节　复合式支付方式 …………………………………………………38
　　本章参考文献 ………………………………………………………………42

第三章　医疗保险创新支付方式 ……………………………………………44
　　第一节　供方创新支付概述 ………………………………………………44
　　第二节　按绩效支付 ………………………………………………………46
　　第三节　捆绑支付 …………………………………………………………55
　　第四节　基于人群的支付 …………………………………………………62
　　本章参考文献 ………………………………………………………………66

第四章　医疗保险协议管理 …………………………………………………70
　　第一节　协议管理的理论 …………………………………………………70
　　第二节　对医疗机构的协议管理 …………………………………………74
　　本章参考文献 ………………………………………………………………79

实 践 篇

第五章　我国医疗保险支付制度的改革思路 ……………………………… 83

　　第一节　医疗保险支付制度改革的动因 …………………………… 83

　　第二节　医疗保险支付制度改革历程 ……………………………… 92

　　第三节　新时期医疗保险支付制度改革方向 …………………… 101

　　本章参考文献 …………………………………………………… 102

第六章　我国医疗保险支付制度典型实践案例 ………………………… 103

　　第一节　北京市 DRG 支付改革 ………………………………… 103

　　第二节　广州市 DIP 支付改革实践 ……………………………… 107

　　第三节　杭州市总额预算改革 …………………………………… 112

　　第四节　珠海市按人头支付改革 ………………………………… 124

　　第五节　天津市糖尿病按人头支付改革 ………………………… 130

　　本章参考文献 …………………………………………………… 136

第七章　我国医疗保险支付制度改革进展 ……………………………… 138

　　第一节　医疗保险支付方式改革进展 …………………………… 138

　　第二节　医疗保险协议管理改革进展 …………………………… 151

　　本章参考文献 …………………………………………………… 155

第八章　我国医疗保险创新支付制度改革建议 ………………………… 158

附录　支付制度术语中英文对照 ………………………………………… 162

理 论 篇

第一章 医疗保险支付制度
与战略性购买

第一节 医疗保险的战略性购买者定位

一、医疗保险是实现全民健康覆盖的有效路径

（一）全民健康覆盖的重要性及内涵

实现全民健康覆盖（universal health coverage，UHC）是政府致力于改善公民福祉的标志。全民健康覆盖是指确保所有人都获得其所需要的卫生服务，而在付费时不必经历财务困难[1]。2015 年，联合国《2030 年可持续发展议程》将全民健康覆盖列为可持续发展目标（sustainable development goals，SDGs）的具体目标之一，它不仅是实现其他 12 个健康目标的核心，而且有助于消除贫困、应对不平等和促进经济增长等其他可持续发展目标的实现。2019 年 9 月，第 74 届联合国大会通过了《联合国全民健康覆盖高级别政治宣言》，为确保 2030 年之前全民健康覆盖目标的实现做出政治承诺。

全民健康覆盖有三个维度[2]：第一是覆盖的广度，指覆盖人口的比例，必须逐步扩大至未覆盖的人群，避免因接受卫生保健服务而出现财务问题；第二是覆盖的深度，指覆盖哪些服务，必须逐步扩展能够有效满足人们健康需求的基本服务范围；第三是覆盖的高度，指财务风险分担的比例，必须提高统筹和预付机制所覆盖的卫生保健费用比例，减少自付费用负担。各国可结合不同国情，考虑实现全民健康覆盖的方向和路径。

国际上对于全民健康覆盖主要有两个评价指标：第一，基本卫生服务的覆盖水平，包括生殖和母婴保健服务、传染病防治、慢病管理及其他基本卫生服务的人群

覆盖率和有效覆盖率；第二，财务风险保障水平，包括灾难性卫生支出的发生率及由自费卫生支出导致贫困的发生率。上述两方面均以公平性为重点，关注不同家庭收入（支出或财富）、居住地（城市或农村）及性别之间全民健康覆盖的差别。

（二）作为主要的卫生筹资模式，医疗保险是实现全民健康覆盖的重要制度安排

卫生系统的筹资是实现全民健康覆盖的关键因素。世界卫生组织将卫生筹资活动界定为实现足够的、公平的、有效率和效果的卫生资金的筹集、分配和利用活动的总和。广义而言，卫生筹资包含三个主要方面：第一，卫生资金的筹集；第二，卫生资金在不同地区、不同人群、不同机构和不同医疗服务之间的分配；第三，医疗卫生服务的支付机制。

2005 年，世界卫生组织通过成员国宣言，提议通过建立更加公平有效的卫生筹资体系，促进全民健康覆盖的实现。2010 年世界卫生组织在其年度报告中提出了一系列通过卫生筹资促进全民健康覆盖实施的策略、政策和措施。通过卫生筹资，能为卫生领域筹集到足够的资源，用于提供足量、公平的卫生服务，提高服务可及性；通过卫生筹资，能减少患者直接支付的费用，减少获取卫生服务的经济风险和障碍；通过卫生筹资的购买和支付功能，对医疗服务供方提供激励，可以提高效率并消除浪费，使卫生资源得到有效利用。不同国家通过卫生筹资的制度安排，不断扩大覆盖的人口数、服务内容及费用报销的比例，不断向全民健康覆盖的目标迈进。

二、卫生服务购买是医疗保险的重要功能

作为主要的卫生筹资模式之一，医疗保险具有三个方面的功能[3]：资金筹集、风险统筹和服务购买。卫生筹资功能的发挥，影响着卫生领域资源配置的公平性和资源使用的效率，从而影响居民卫生服务的利用、获得服务的质量和承担的经济负担，对实现全民健康覆盖的目标具有重要意义（图 1-1）。

卫生服务购买（health care purchasing）是卫生筹资的重要功能之一。世界卫生组织对服务购买给出的定义是：将筹集到的公共资金支付给供方以获得一系列特定或非特定卫生服务或活动的过程。这里所说的卫生服务购买是广义的，指拥有财力资源的主体将资金配置给卫生服务提供者并促使后者提供相应服务的一种机制。主要有两种模式：第一种是政府利用一般性财政收入或者保费直接向自己下设的卫生服务提供者下拨预算（服务购买者和提供者合一模式）；第二种是狭义的卫生服务

卫生筹资安排　　　　　　作用路径　　　　　　保障目标

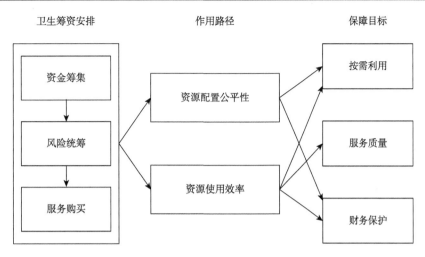

图 1-1　医疗保险的功能

购买，是指制度上独立的购买机构（如医疗保险基金或专设政府机构）代表全体或特定群体（公立或私立）向服务提供者购买卫生服务（服务购买者和提供者分离模式）。本书主要关注狭义的卫生服务购买，即代表公众的利益，将由各种渠道筹集的医疗保险资源，按照协议约定，通过服务购买的方式，分配到卫生服务的供方。

在医疗卫生服务市场上，医疗保险作为第三方主体发挥着重要作用（图 1-2）。传统的医疗卫生服务为"医患交易"行为，由"交易"双方（需方和供方）按照一定的价格购买和提供服务。随着医疗卫生体系的发展，政府或保险机构等购买方作为市场上独立于供方和需方之外的第三方，能够代表居民向医疗卫生服务供方购买符合一定质量和数量的医疗卫生服务。根据事前协议约定而发生的购买行为将对供方产生有效激励，从而改善卫生服务效率和质量。这一过程体现了购买方的主动性、选择性和结果导向性，引导资源合理公平地配置和有效率地使用。

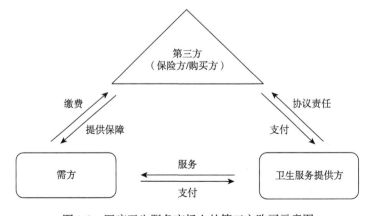

图 1-2　医疗卫生服务市场上的第三方购买示意图

三、战略性购买是医疗保险高质量发展的目标

（一）战略性购买的内涵[4]

1. 被动性购买

战略性购买的概念最早于 20 世纪 80 年代提出，经济合作和发展组织国家先后在卫生保健领域使用这种集中性的卫生筹资方式。十多年来，发展中国家开始借鉴和使用此种方式，然而在卫生筹资和购买服务方面面临着较大挑战，无法保障贫困人群和弱势人群的卫生服务需求。主要原因在于，这些国家的机构和部门采取的是被动性购买。

被动性购买（passive purchasing）是指购买方的行为像"被动的出纳"，或者像银行的自动取款机，他们只是被动地付钱，购买行为中的关键要素，如为哪些人购买服务、购买什么服务、向什么机构购买、以什么价格购买及采用何种支付方式等，均不由支付方决定。

被动性购买往往难以对供方产生正向激励，容易造成费用的上涨或质量的下降，影响卫生系统的绩效。此外，被动性购买还会产生公平性问题。因为高收入人群会难以忍受公立服务体系的低效率，通常会转向私立服务体系，而低收入人群往往难以承受私立服务体系的高费用，从而造成双方接受服务质量的不公平。鉴于此，世界卫生组织在 2000 年世界卫生报告《改进卫生系统绩效》中提出，如果卫生系统中存在购买服务的形式，则应当从被动消极性的补助或报销转变为主动的战略性购买模式。

2. 战略性购买

战略性购买（strategic purchasing）是指卫生服务购买者以主动、循证、前瞻的方式事先做出一系列"购买什么，向谁购买，如何购买"的决定，以寻求提升卫生体系绩效的最佳方式，即以人群健康结果最大化和系统绩效提高为目标，根据预先设定的与公众健康需要密切相关的卫生服务的产出或结果，而非投入的要素，来对供方进行有效率的经济资源配置。与被动性购买相比，战略性购买包含更多主动的、交互的要素。通过这样的制度安排，被动的付费者便成为聪明的购买者，能将稀缺的资源用于当前及今后的重点领域。

具体而言，战略性购买与被动性购买在实施中的区别主要为四个方面（表 1-1）：第一，被动性购买者采取程式化的资源配置方式，而战略性购买者采用有指向性激励的支付制度。第二，被动性购买者很少或没有对卫生服务供方进行选择，而

战略性购买者主动选择服务提供机构，并通过签订协议约定购买服务的具体内容。第三，被动性购买者很少或没有对卫生服务的质量进行监测，而战略性购买者通过设计激励性的支付或签约服务要求，主动参与和引导卫生服务质量改进。第四，被动性购买者只是服务价格与质量的接受者，而战略性购买者是服务价格与质量的制定者。

表 1-1 战略性购买与被动性购买的主要区别

战略性购买	被动性购买
有指向性激励的支付制度	程式化的资源配置
选择性签约	很少或没有对供方进行选择
质量改进与激励	很少或没有质量监测
服务价格与质量的制定者	服务价格与质量的接受者

（二）战略性购买的基本理念

相比于传统的被动性购买，战略性购买被赋予更多内涵，主要解决如何将筹集的资金转化为有效服务，从关注投入向关注结果转变，是融入了公众需要、成本效果理念、竞争理念、契约理念、绩效评估的目标型管理，从而能够改善并提高卫生系统的整体绩效，包括效率、质量和公平性及反应性。战略性购买的基本理念包括[3-5]以下几点。

第一，战略性购买强调以人为本，关注公众的健康需要。服务购买的目的是满足公众的健康服务诉求。

第二，战略性购买以健康结果为导向，以公众的健康需要为购买目的，随之带来的就是对服务产出和结果的关注，追求服务的成本效果。以现有资源达到健康收益最大化为目标，提高资源的配置效率，从而增进社会福利。

第三，注重供方激励机制的重塑，战略性地运用支付方式、合约签订及监督机制等促使供方行为模式自主转变。

第四，在公立和私立提供者之间引入竞争机制，从而实现利用市场机制来促进卫生服务效率提高的战略目标。

（三）战略性购买的政策设计

在筹集到充足的卫生资源，安排适宜的风险共担机制之后，要实现卫生服务的战略性购买，需要进行一系列的政策设计。政策设计中的关键问题包括：为谁购买服务？购买哪些服务？向谁购买？支付多少钱？以及如何支付？

1. 服务购买的目标人群与所购买的服务

卫生资源是有限的，所以大部分国家不可能将所有的服务免费地覆盖所有人，因此，在购买时首先需要进行优先排序，包括预先界定目标受益人群、服务类型和具体的干预措施。

在覆盖的人群方面，为了实现公平性的目标，购买者需要更多考虑如何将稀缺的公共资源准确定位于弱势人群，如贫困人群、老人、孩子等，以确保他们获得所需的卫生服务。需要注意的是，受经济等因素的影响，这些弱势人群往往在过去表现出非常低的卫生需求和利用，因此政策制定者应该采取主动且持续的评估，准确测量人群的健康需要、服务需求和利用及它们之间的差距并据此进行人群、疾病和服务覆盖范围的设计。

在覆盖的服务方面，如何合理使用卫生领域筹集到的公共资金购买服务？购买者需要考虑这样几个决策点：第一，购买的服务是否为基于公众人群的服务；第二，购买的服务或产品是否具有成本效果（即经济性）；第三，购买的服务是否具有外部性或涉及灾难性支出。因此，资源配置的效率、风险、公平性和成本效益这几方面共同作用，决定了卫生领域的公共购买决策。由于社会经济条件的差异，不同的国家在卫生服务购买所覆盖的服务方面有很大差别。最重要的原则是通过服务购买，使其对人民健康尤其是贫困人群健康的潜在影响最大化。为了实现健康结果的最大化，购买者应当优先考虑那些给整个社会造成最大负担的疾病，并选择最具成本效果且可负担的服务和干预，即决策者需要在增加健康结果和增加经济负担中做出权衡。

2. 服务购买的供方选择

选择的原则是判断从什么地方购买服务最为物有所值。考虑的范围应该包括公立的和私立的、政府的和非政府的、国内的和国外的各类机构，也就是所有可能提供服务的供方都应该纳入备选范畴，抑或同时从这些部门购买。决策的依据包括：服务的成本、质量、对地理位置的可及性、对患者需求的响应程度和及时性等。实施战略性的购买决策，可以根据上述因素在众多服务提供者中选择签约，当前的趋势是公立机构和私立机构在被选择时拥有同样的机会，可利用市场竞争机制来提升效率。

3. 服务购买的方式

一个有经验的购买者通常在事前就会决定在什么时间对供方支付多少，要得到的服务数量和质量是什么，并持续监测供方的服务过程和结果，评价是否达到他们的要求，并将这些内容和要求全部通过与提供者签订协议的方式加以明确。协议的设计通常包含协议框架、结构、支付方式、细节规定、监测方法等内容，其中一个非常重要的工具就是对供方的支付方式。在支付方式中，预付还是后付、支付的单元、支付的水平这三者共同决定了服务提供者所承担的经济风险的大小，对供方产生巨大的激励，从而对服务的数量和质量产生影响。对购买者来说，就是要找到一种最适宜的支付方式，激励供方提供最物有所值的服务。为确保协议的履行，有效实施支付方式，购买者需要通过各种方式对供方服务行为和结果进行监测。有一些购买者会将供方的成本、质量等监测信息作为公共产品向公众发布。

通过上述几个方面的政策设计，战略性购买者可以充分发挥购买功能，通过对医疗服务供方的激励和约束机制，保障目标人群享有高质量、高价值的医疗卫生服务，从而最终影响卫生系统的绩效和全民健康覆盖的实现。

值得注意的是，战略性购买是买卖双方相互作用的交易过程，是激励与应对激励的互动行为。若要有效地实施战略性购买，需要有两个重要的前提：第一，购买方需要有足够的管理能力来使用上述政策工具，使之充分发挥作用；第二，卫生服务供方要有足够的自主权和管理能力来应对购买者发出的激励信号。

第二节　医疗保险支付制度及其在战略性购买中的作用

一、支付制度的内涵和功能

（一）支付制度与支付方式

医疗保险支付制度是医疗保险制度对卫生服务供方给予支付的一系列制度安排。供方支付制度（provider payment system）可以被广泛地定义为支付方法与所有支持系统的结合，如与协议管理、支付方式相关联的问责机制及管理信息系统。因此，在卫生系统中，支付制度所实现的功能远远超过只是简单支付卫生服务费用。

供方支付方式（provider payment method）可以更狭义地定义为将资金从卫生服务的购买者转移到提供者的机制。支付方式最重要的作用，是通过如何将资金转移给供方的设计，传递激励信号，使医疗服务供方在不同的行为方式下获得财务奖励或承担经济风险。

激励（incentive）是引导个人和组织自利行为的经济信号。激励的理念是基于微观经济学中的一个基本假设，即个人和组织会采取使自身利益最大化的行为。任何一种支付制度都产生经济信号，每一个卫生服务提供者都会对这个信号做出响应，使对他们的收入和其他相关利益的积极影响最大化、负面影响最小化。

由供方支付方法所产生的激励及服务提供者对这些激励措施的响应、支撑支付方式的管理信息系统，以及服务提供者和购买者之间建立的问责机制，将对卫生资源的分配方式和卫生服务的提供方式产生深远的影响。支付制度可以通过鼓励患者对必要卫生服务的利用，提供高质量的卫生服务，改善公平性，同时促进卫生资源有效合理地使用并控制医疗费用的不合理增长，来帮助实现卫生政策目标。

（二）支付制度的功能

支付制度是影响卫生服务提供者行为和卫生系统绩效的有力工具（图 1-3）。它定义了购买者和医疗保健提供者之间的合同安排，包括但不限于支付方式，即本书中研究的医疗保险支付制度既包括医疗保险机构对医疗服务供方的支付方式，也包括协议管理。支付制度建立了面向医疗服务提供者的核心激励机制，其效果取决于与购买者、卫生筹资系统和提供者相关的环境因素。医疗保险机构作为购买者必须具备有效设计和实施支付制度的能力，并能与其他购买者密切协调。医疗保险支付制度必须在卫生筹资系统中发挥核心作用，并与其他购买者的支付产生一致的目标导向。医疗服务供方必须能够在竞争性的市场结构中对支付制度固有的激励做出响应。更广泛的政策、治理和文化环境进一步调节了支付系统对提供者行为的影响。

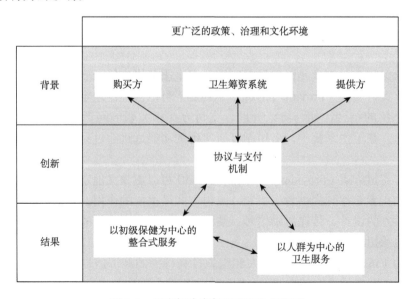

图 1-3　医疗保险支付制度理论框架图

1. 协议管理

通过协商谈判，医保经办机构与医疗机构协商确定合理的支付方式，以及当医保费用超出规定支付金额时的风险分担机制，利用道德准则和数据披露降低交易成本并改善服务行为。此外，服务购买者可以建立协议准则并使之公开化，例如资格认证要求和最低数量要求，以促进服务质量。

2. 支付方式

当使用创新性的支付方式取代传统的项目预算或按服务项目付费及因此造成扭曲的财务激励时，支付方式有助于推动以人为本的医疗服务。一些更为复杂的支付方式，如总额预算、按人头付费、按病种付费、按绩效支付和捆绑支付，通常结合使用，最终还与前面描述的协议机制一起使用，以调整服务提供者所接受的激励机制。由此产生的支付制度被称为"混合式支付"。这种混合式支付影响着卫生系统的关键绩效，如各级医疗服务机构的支付模式，以及卫生系统的配置效率。

3. 购买者能力

设计和执行有效的支付制度需要医保经办机构拥有强大的机构能力和协调能力。机构能力不仅限于给予资金支付，还包括其他采购职能，如管理财务、成本计算服务、监控提供商绩效及与提供商和受益人沟通。例如，由成本会计不良导致支付率与服务成本不同，支付方式及其产生的激励措施会变得扭曲。在整个采购职能范围内，强大的机构能力往往依赖于可靠的信息技术平台。当多个采购组织未能协调其支付系统时，激励措施也可能被稀释或扭曲。

4. 支付制度与卫生筹资系统的一致性

支付制度对医疗服务供方行为和系统绩效的影响取决于它们的作用及其与更广泛的卫生筹资系统的一致性。医疗保险的支付占医疗服务提供者收入的比重较大时，能有效地塑造服务提供者的行为。就保险计划而言，这一份额基本上是参保登记者基数多少和福利包覆盖范围的结果。合并多个购买者组织可以轻松增加参与者基数并因此提升讨价还价能力。随着收入的增加和效率的提高，福利包也可能会扩大，提高补偿水平，从而降低患者自付水平。特别是当医疗保险支付不能占据服务提供者收入的重要份额时，不同来源的筹资及其激励机制是至关重要的。例如，当医疗机构的收入主要来源于政府部门给予的项目预算/拨款和医疗保险的支付时，二者产生的激励机制有可能不一致。

5. 支付制度发挥作用与政府治理、供方市场结构的关系

支持制度的杠杆作用通过供方的治理结构和机构能力及供方市场特征得到进一步减弱。拥有有限决策权和获得公共补贴的公有制往往会导致服务供方的积极性不足。相比之下，公共所有权与法律自治、公共责任和服从私人（商业）法律相结合，不仅提高了响应能力，还改善了私人服务提供者的竞争环境。决策权需要有坚实的机构能力支持，包括机构在规划、预算、财务管理、人力资源和临床管理方面的能力。当本地服务供方市场很小或由少数所有者主导时，供方可能获得议价能力并且能够对购买者施加合同和支付条件。地方政府实施地方政策和规则，也可能对服务供方产生影响和激励。例如，对医疗机构的收支两条线政策，地方政府根据这些政策收集和重新分配医疗机构的收入，以减轻零差率政策调整对药品和高科技服务价格及费用的不利影响。

6. 支付制度与政策和治理环境

建立有效的支付制度需要有利的、更广泛的政策和治理环境。政策和法规可能直接推动或影响支付制度的设计。有时，打包支付等创新支付方式可能与公共财务管理规则不一致，需要制度上的突破。更广泛的政策和法规也可能影响当地的组织和治理环境。例如，国家设定的市场准入要求通常决定了当地服务供方市场的竞争力。与现有政策和法规一样，更广泛的改革进程也可能影响当地支付创新的范围。鉴于组织、治理和政策框架往往比较复杂，创新和改革高度依赖于地方政府机构的协作领导。政府机构间的良好协作确保了各方对问题的解决方案达成一致，明确的角色和责任分工能使改革实施进展和结果符合预期。

二、支付制度是战略性购买的核心工具

2010 年世界卫生报告《卫生系统筹资：实现全民覆盖的道路》指出，要实现全民健康覆盖，首先要确保有足够的资源投入。但是，仅仅筹集到足够的资源并不能实现全民覆盖，也不可能通过简单的风险统筹消除经济负担，还需要确保有限资源的有效使用。因此，如何提高卫生服务的效率和质量，是各国卫生服务领域改革和发展所追寻的目标。战略性地使用卫生服务购买的功能，是实现这一目标的重要工具。目前，很多国家在卫生领域成功引入战略性购买这一政策工具，是将筹集到的资源转变为高效优质服务的重要环节。

医疗保险作为战略性购买者的功能主要包括六方面（图 1-4）：第一，基金财务管理主要负责基金的可持续运行；第二，参保者登记管理，从而决定为谁购买

服务；第三，确定保障范围，明确为参保者购买哪些服务；第四，对医药服务机构进行协议管理，选择医药服务供方并与之签约，通过协议确保其按照服务购买者的要求提供保障范围内的服务；第五，支付管理，根据服务供方的特点设计适宜的支付方式及支付标准；第六，监测供方的服务绩效和服务质量，对供方形成评价反馈。

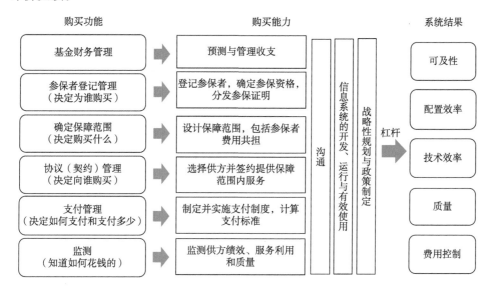

图 1-4　医疗保险作为战略性购买者的功能

在医疗保险制度上述六方面功能中，确定保障范围、协议管理、支付管理和监测共同构成了医疗保险对医药机构的支付制度，也是服务购买方对服务供给方产生影响的作用方式和路径。支付制度的设计，决定着医疗保险对医药供方的激励机制、影响强度，引导着医务人员的服务行为，以及参保者对服务的利用和费用，最终影响参保者的健康结果和疾病经济负担。因此，支付制度是医疗保险发挥战略性购买功能的核心工具。

当前，我国已经实现基本医疗保障制度的全民覆盖，向着更加公平可持续的方向不断推进高质量发展。在这一背景下，医疗保险作为最广泛参保者的利益代表，其战略性购买者的作用更加凸显：通过基于证据的遴选和协商谈判，对医疗保险的保障目录范围进行基于价值的动态调整；通过实施创新支付管理，对医疗机构给予合理的激励，实现费用控制和质量保证；通过深化对医药机构的协议管理，遴选有质量的医疗机构签署协议，在协议中对服务的合理性和质量进行约定，从而促进服务质量提升；在医疗服务过程中注重监测评价，从而促进医疗服务可及性、效率和质量的改善，实现以健康价值为导向的战略性购买，使参保者获得高价值的医药卫生服务。

本章参考文献

[1] WHO. Universal health coverage[EB/OL]. https://www.who.int/health-topics/universal-health-coverage#tab=tab_1[2021-10-30].

[2] WHO. The World Health Report 2010[EB/OL]. https://www.who.int/publications/i/item/9789241564021[2021-10-30].

[3] 陈文，刘国祥，江启成，等. 卫生经济学[M]. 4 版. 北京：人民卫生出版社，2017.

[4] Preker A S，Liu X Z，Velenyi E V，et al. Public Ends，Private Means：Strategic Purchasing of Health Services[R]. Washington，D.C.：The World Bank，2007.

[5] 胡敏. 农村基本医疗卫生服务购买策略研究[D]. 上海：复旦大学，2011.

第二章 医疗保险常规支付方式设计

第一节 医疗保险支付方式概述

一、预付制与后付制

根据支付方式中服务范围和支付标准预设与否，支付方式可以划分为预付制（prospective payment system）和后付制（post payment system）。

支付标准（payment rate）设定的时间可以分为预设和后设，指的是购买者对某项服务或服务包的支付水平是预先设定还是事后（服务提供后）设定的。支付水平可通过定额、费用上限控制或购买者和提供者双方谈判来设定。如果将各项服务捆绑成服务包，并预先设定支付额度，经济风险将从服务购买者转移到提供者，因此其有减少成本、增加收入的动力。相反，如果在提供者服务后才确定支付额度，购买者将承担风险，提供者有增加总收入和纯收入的动力。可见，一种支付方式中预设成分越多，供方承担的经济风险就越多，其节约资源、控制成本的意识就越强。在不同的医疗费用支付方式中，由于所含预设成分的程度不同，其控制费用强度也不同。总额预算和按人头支付是预设的，不含后设成分，是硬约束手段；而按服务项目支付中，只有服务项目的价格是预设的，供方承担的经济风险几乎为零，在缺少医疗质量监督和管理的情况下，供方通过诱导服务数量增加赢利，此种支付方式对供方的制约很弱。

支付的时间可以分为事先支付与事后支付，指的是购买者对服务提供者的实际支付是在服务提供之前还是之后。预先设定支付额度之后，实际的支付可以是事先支付或者事后支付。例如，在按人头的支付方式中，对每个人头提供的服务包的价格预先设定，并且根据服务的人头数预先支付费用。在按病种的支付方式中，对病种费用的支付额度预先设定，但对服务提供者的支付是在服务发生后按实际服务数量支付。

二、不同支付方式的特点及对卫生系统绩效的影响

（一）主要的支付方式

目前对供方的支付方式主要有分项预算、工资制、按项目支付、按服务单元支付、按病种支付、按人头支付、总额预算、按绩效支付等。不同的支付方式，其支付标准设定时间、实际支付时间及支付依据不同（表2-1）。

表 2-1　各种支付方式基本要素比较

支付方式	支付单位和内容	支付对象	支付方式特性		
			支付标准设定时间	实际支付时间	支付依据
分项预算	每条预算线	机构	预设/后设	事先支付/事后支付	投入
工资制	每个医生一周或一个月所有的工作	人员	预设	事先支付/事后支付	投入
按项目支付	每个单项服务项目	人员/机构	后设	事后支付	投入/产出
按服务单元支付	每次门诊或每床日所有服务	（医疗）机构	预设	事后支付	产出
按病种支付	每个病种所有服务	机构	预设	事后支付	产出
按人头支付	每个登记居民一段时间内接受的所有服务	人员/机构	预设	事先支付	产出
总额预算	每个医疗机构一段时间内提供的所有服务	机构	预设	事先支付	产出
按绩效支付	质量达标情况	人员/机构	预设	事后支付	绩效

（二）不同支付方式对卫生系统绩效的影响

不同支付方式在上述方面的不同，造成服务购买者和提供者不同的经济风险，从而对服务提供者产生不同的激励作用，其行为随之发生改变，进而影响医疗服务的数量、质量及效率、费用等，最终影响整个卫生系统的绩效（表2-2）。

表 2-2　各种支付方式对供方行为及系统绩效的影响

支付方式	谁主要承担经济风险		对供方的激励				对系统绩效的影响				
	购买者	提供者	增加病人数量	每例服务投入	增加报告疾病严重程度	选择健康病人	可及性	质量	费用控制	效率	管理简便性
分项预算*		√	−	+/−	+/−	+	+	+	+++	−	+++

续表

支付方式	谁主要承担经济风险		对供方的激励				对系统绩效的影响				
	购买者	提供者	增加病人数量	每例服务投入	增加报告疾病严重程度	选择健康病人	可及性	质量	费用控制	效率	管理简便性
工资制	√		−	+/−	+/−	+	+	++	+++	+	+++
按项目支付	√		+++	+++	+	−	++	++	−	−	+
按服务单元支付	√		+	−	+	−	++	+	−	−	+
按病种支付（DRG支付）		√	+	+	++	+	+	++	+	+++	−
按人头支付		√	+	−	−	++	−	+	+++	+++	+
总额预算		√	−	−	+/−	+	−	++	++	+	+
按绩效支付		√	+/−	+/−	+/−	+	+	++	+	+	+

注：+代表强，++代表很强，+++代表非常强，−代表弱，+/−代表不定；DRG 全称为 diagnosis related groups，意为疾病诊断相关分组

*取决于硬预算还是软预算

（三）支付方式的发展趋势

不同支付方式各有优缺点，总体而言，医疗保险支付方式逐渐由基于投入的支付转向基于活动和产出的支付，最终向基于结果的支付转变，从而确保通过对高质量医疗服务的购买能最终提高参保人的健康水平（表 2-3）。

表 2-3 支付方式的发展趋势

支付方式	投入	产出/活动	结果
第一代	分项预算		
第二代	总额预算（以投入为基础）；按项目支付（项目无固定价格，未打包，以成本为基础）	按项目支付（项目固定价格、小打包、以产出为基础）；按人头支付；按病种支付（单病种支付、DRG 支付等）；按床日支付；总额预算（以产出为基础）	
第三代		以产出或活动为基础的多种支付方式的组合，例如，①住院服务中 DRG 支付+总额预算；②门诊服务、初级保健中按人头支付+按项目支付	
第四代			按绩效支付

资料来源：Langenbrunner J C, Cashin C, O'Dougherty S. Designing and Implementing Health Care Provider Payment Systems：How-To Manuals. Washington, D.C.：The World Bank, 2009

第二节　总　额　预　算

一、内涵

（一）定义

总额预算（global budget）也称总额预付，是指卫生服务购买者与服务提供者通过谈判或者协商，预先确定在一定时期内（通常为一年）支付给服务供方所提供的全部服务的预算总额，并据此进行支付的方式，即将该时期内所有患者的所有服务加总成一个支付额，形成总预算，并允许提供者在总预算范围内使用支付资金时有一定的灵活性。

总额预算制根据实施中的预算约束程度，可以分为两种[1]。

支出上限制（expenditure cap）又称固定预算或硬性预算，即预先依据医疗服务成本及其服务量的增长，设定医疗保险支付的年度预算总额。在支付费用时，无论供方实际发生的费用是多少，都以这个预算数作为支付的最高限度，一旦超支，购买者不承担任何经济责任，财务风险完全向服务提供者转移。因此，可精确控制年度医疗费用总额。

支出目标制（expenditure target）又称浮动预算或软性预算，即预先设定医疗服务支付价格及医疗服务量可容许的增长率，由此确定年度预算总额。当实际服务量低于预先设定的目标值时，年度预算会有结余，服务提供者可以留用，但通常要求其达到服务量产出的最低目标，否则会进行预算的扣减；当实际服务利用超过目标值时，超支部分的费用将打折支付，医疗保险方分担部分财务风险，以适度反映医疗服务变动成本。因此，实际支出可能超出原先设定的目标。

（二）激励机制

总额预算可认为是最高程度的"打包支付"，这种支付方式下，供方在一个支付年度中为每个患者提供的每项服务的全部支付费用，都加和计算在此预算总额中。在支付费用时，无论供方实际发生的费用是多少，都以这个预算数作为支付的最高限度，同时明确供方必须提供规定标准的服务。因而，会对供方产生强烈的经济激励，财务风险从服务的购买者转移给了服务的提供者。

总额预算及其配套的绩效考核所产生的激励机制，能鼓励医疗机构转变服务模式，并使医疗机构通过提升服务的效率和质量获得经济收益，有助于在控制费用的情况下实现购买者所期望的服务目标（包括服务量、服务质量、合理性、效率等）。

二、实施方式

（一）适用范围

总额预算制通常是对医疗卫生行业的某一部分支出进行费用封顶，适用范围比较广泛。从预付对象来看，总额预算可以是针对供方个体的，也可以是针对多个供方或供方总体的，具体可以分为：对地区或团体层面的总额预算（包括该地区或团体内的所有供方，每个供方预算可不固定，但地区或团体的总预算固定）[2]；对医院或机构层面（以单个医疗机构为预算单位）的总额预付；对医生或其他医务人员层面（以单个服务者为预算单位）的总额预付。其中，最常见的是对医院实行的总额预算。

从支付服务的范围来看，总额预算制既可以支付大医院或基层医疗服务供方所提供的各类诊疗服务（门诊、住院、专科服务等），也可以用于支付药品支出，或者包括服务和药品在内的所有服务[3]。

从支付费用的范围来看，总额预算所涵盖的费用可以是医疗保险支付给供方的总额，也可以是医疗机构所发生的医疗费用支出总额。

（二）操作方法

总额预算的核心是设定合理的预算总额。确定预算总额的方法一般包括根据服务量或费用总额的历史数据设定总额，根据服务人头数设定总额，根据机构规模（人员、床位等）设定总额，根据服务量和病例种类设定总额，根据绩效设定总额，或者将上述方法综合应用。以下重点介绍根据服务量和费用的历史数据测算总额的方法。

1. 界定所覆盖的人群及服务

界定总额预算支付所覆盖的参保对象及其所获得的服务，明确总额预算在人群及服务上的边界。非常住人口转诊至此医疗机构发生的费用、一些非常规性的或专项的投入等，不应纳入总额预算的范围。

2. 收集服务量和费用的历史数据

为分析和测算购买者所需支付的预算资金总额，需要收集医疗机构相关业务情况的历史数据，主要包括提供服务的数量和医疗费用等。比较理想的情况是收集最近三年的数据以获得较为稳定的趋势。

3. 预算总额的计算公式

预算总额的基本测算思路是总额 ＝ 单价×数量，在收集历史数据的基础上，计算次年度预算总额的公式为

次年度支付预算总额＝某医疗机构基期年人均支付费用×(1＋某医疗机构
人均支付费用增长率)×次年度实际保险对象人数

（2-1）

基期年人均支付费用：如果是第一年实施总额预算，基期年人均支付费用可为根据前三年数据计算的参保人员获得相关医疗服务的年人均费用。如果是实施总额预算后的年度，基期年人均支付费用为上一年度总额预算的人均支付费用额。

人均支付费用增长率：一般考虑非协商因素和协商因素的增长率，将在费用增长因素的考量中具体说明。

次年度实际保险对象人数：一般在基期年基础上预计，考虑到实际覆盖保险人口的增长情况。

需要说明的是，上述预算总额的测算公式是以参保人为单位，计算人均支付费用额度和费用增长情况，一般需要参保人在预算年度中定点在该医疗机构就诊。如果参保人群并未实行签约定点就医，或预算总额仅覆盖该医疗机构提供的部分服务，则不适合以参保人为单位进行测算，上述预算总额公式可调整为以某服务单元（如人次数、DRG、服务点数等）为单位。例如，以人次数为单位时，预算总额计算公式为

次年度支付预算总额＝某医疗机构基期年每人次支付费用×(1＋某医疗机构人均
支付费用增长率)×次年度实际保险对象服务人次数

（2-2）

4. 费用增长因素的考量

费用增长因素是总额预算中的关键因素，在历史数据的基础上，通过费用增长率的设定，既对医疗机构给予一定的业务发展和激励空间，又对总费用支出进行控制。总额预算面向参保人员的需求做整体性考虑，将人口增长及老龄化、医

疗服务成本变动、新增支付项目、服务质量提升等因素都纳入考虑。一般考虑的费用增长因素如下[1, 4]。

（1）非协商因素。非协商因素又称人口及医疗服务成本因素，包括：第一，自然增长率，反映参保人口人数增长及年龄性别结构改变对医疗费用的影响。第二，医疗服务成本增长率，可按照各项成本增长率的加权平均来计算。不同级别、类型的医疗机构服务成本增长率可以不同。

（2）协商因素。协商因素指在年度总额协商过程中需要通过协商确定的因素，由医疗服务提供者依据项目因素提出具体增长额度及原因，通过与支付方协商、修正，最终确定。考虑的项目因素包括保险支付范围的改变（如新技术、药品新增纳入报销）、医疗服务质量与保险对象健康的提升、患者服务需求的释放、政策改变及政策诱因影响、疾病发生率的改变、医疗服务效率的提升等。

5. 绩效考核

由于总额预算只设定了对医疗机构的支付上限，医疗服务供方有较大的灵活性和自主权来安排资源的使用，会有较强的动机减少服务成本以获得更多收益，这可能会影响服务提供的数量和质量。因此，在设定预算总额后，通常需要有一个绩效框架来确保医疗服务供方提供的服务能达到购买方所期望的数量和质量。该绩效框架应具有良好的激励设计，奖优罚劣，激励供方效率的提高，同时购买方需要有良好的监测系统来测评绩效。

总额预算本身并不能保证对供方的激励。为了使在这一制度下的供方通过改变服务行为和服务模式，对服务数量和质量的绩效目标进行响应，需要在绩效和支付之间建立起明确的、可量化的关联关系，激励供方在支付总额控制下实现绩效目标；反之，如果不能实现绩效目标，则应受到惩罚。绩效考核通常作为购买者和服务供方之间合同的一部分内容引入，未完成目标应如何扣减预算总额，或超额完成目标应如何增加补偿（软性预算时），都应该通过协商在合同中予以明确。

常用的绩效指标包括最低服务量、减少住院床日的百分比、减少出院后再入院的百分比等。在预算总额中，可以逐渐增加按绩效支付所占的比重，从而逐步向按绩效支付转变。

6. 预算清算和调整

在预算年度结束后，医保部门应审查医疗机构预算总额的使用情况和绩效目标完成情况。在硬性预算下，如医疗机构达到最低服务量和服务质量的目标，预算总额应全额拨付给医疗机构，结余留用，超支不补；如未达到绩效目标，预算总额应做一定扣减。在软性预算下，如实际提供的服务超过目标值时，超支部分可以给予一定比例的额外补偿，以弥补机构的成本。清算完成后，清算中确定的医疗机构该年度有效的服务量将作为下一年度总额预算测算和调整的基础，并同时考虑费用增长因素的变化情况。

三、优势与不足

（一）优势[5]

（1）购买者对服务提供者的费用有高度控制权，特别是采取支出上限制，这对购买者的成本控制是最可靠和最有效的，医疗费用的增长得以控制在合理范围内。

（2）服务提供者对全年预算总额有所预期，增强成本控制的意识，主动改善医疗服务行为，加强院内的管理和审核，提升服务的效率、质量和合理性。

（3）将费用控制的主动权交给了供方，购买者的工作主要在于预算的制定和预算执行的审核，医疗保险管理得以简化，成本相应降低。

（4）通过在预算总额公式或绩效考核框架中纳入质量及公众健康指标，可以有效引导医疗行为，提升医疗服务质量及公众健康，达成购买者所期望的绩效目标；如若参考医疗网络或区域卫生规划计划分配地区和机构预算，可促进医疗资源的合理分布及社区等基层医疗服务的强化。

（二）不足

（1）制定科学合理的预算额度比较困难。例如，预算定得偏高，会导致医疗供给不合理地增长；预算定得不足，由于超支的财务风险主要由医疗机构承担，会影响医院的工作积极性和患者的利益。

（2）总额受到限制易导致供方产生不合理削减服务供给的行为，盲目节约成本，推诿重症患者，人为延迟患者就医，影响医疗机构主动提供服务的积极性和使用高新技术的动力，服务质量可能受到影响，使得需方的合理需求得不到满足，造成供需双方之间的矛盾。因此，总额预算制必须有配套的绩效考核制度，否则难以有效引导医师诊疗行为。

（3）如为软性预算，控制费用的效果可能不佳。即使在硬性约束下，也可能导致部门之间的费用转移或其他未做严格预算约束的部门费用增加，医疗机构更趋向于医保支付范围外的服务，从而导致总费用增加。

（4）要求服务购买方和供方均具有较强的能力，若参与总额协定的各方不具备充分的协调能力与准备，则很难使合约顺利达成。

（5）对医保部门在实施中的监督管理机制要求较高，如不能有效监测服务合理性和质量，可能会导致参保人权益受损，也可能导致支付中"劣币驱逐良币"的不公平现象。

四、实施中的关键问题

（一）科学合理地确定总额

找准确定总额的参数指标和调整总额系数指标，确定预算总额，并给予合理的调整，使医疗机构能获得适宜的经济激励，在控制费用的同时保障对参保人的服务提供。在信息可得的情况下，发达国家将按病例组合调整支付方法和总额预算相结合作为向医院支付最主要的方式，基于对病例组合及费用的精确计算，确定预算总额。

在实施总额预算的初期，由于各项基础数据和参数指标体系尚不健全，应给预算总额留有足够余地，并做好指标的调整。随着今后医疗保险相关数据和服务指标数据的健全，会逐步完善总额预算的测算与结算。

（二）纳入服务绩效的监测评价和相关支付

由于总额预算本身对服务质量的约束很弱，为确保患者获得的服务数量和质量，建立强有力的质量监控机制和与之相关联的支付是十分必要的。应定期对包括服务数量和质量在内的绩效信息进行收集与评价，促进质量监测，并根据绩效完成情况做总额预算清算，从制度措施上防止医疗机构为降低医疗成本而减少必需的医疗服务，确保医疗服务质量及民众就医可及性，以维护参保人员基本医疗保障权益。同时，可将执行结果作为次年度订立或协商总额的重要依据之一。

（三）医疗机构的自主性和管理能力[6]

在总额预算的实施中，医疗机构管理者被赋予一定程度的自主权和具有较高的管理水平是制度成功的关键因素。总额预算的初衷是调动医疗机构的主动性，调整服务模式和服务行为，使之更好地追求质量和效率目标。医疗机构的管理者必须能够明确总额预算的激励机制和绩效目标，自由管理总额预算的资源，并以他们认为最合适的方式组织服务的提供，在医疗机构内部进一步分解目标、建立成本和质量监管体系，才能对总额预算的激励做出积极的响应，实现预期结果。

（四）医保经办机构的管理能力

在测算总额的过程中，要求医保经办机构具有专业的测算及谈判协商能力，制定出科学合理的预算总额，并能根据实际情况进行预算调整。在实施过程中，总额预算制度需要由权威的机构加以实施，以切实保证预算额度的制约作用。如果预算随意改动且没有合理依据，那么供方就不会受到真正意义上的资源利用的约束。在日常监管中，总额预算对医保经办机构对供方服务行为的监测和审核提出了较高要求，需要有较为完善的信息系统及时获取相应数据，并进行专业的审核评价。

第三节　按人头支付

一、内涵

（一）定义

按人头支付（capitation）是指医疗保险方根据服务提供者的规模、技术、服务对象的特点等情况，按照事先确定的一定时间段（通常为一年）内每个服务对象（人头）的定额支付标准，向某医生个体或某医疗卫生机构进行支付的方式，服务提供者在事先确定的服务范围内向目标人群提供服务。

（二）激励机制

按人头支付是一种人头包干制，对于每个服务对象，服务提供者从购买者那里获得确定的支付金额，与其为该服务对象提供多少数量的服务或什么种类的服务及实际费用无直接关联。供方服务的人头数越多，获得的支付费用也越多。支付方预先将费用支付给供方，对供方来说超支不补，结余归己，这就意味着经济风险由支付者向服务提供者转移。在这种支付方式下，服务提供者承担的财务风险较高，而购买者承担的风险较低。

二、实施方式

（一）适用范围

从全球范围内的经验来看，获得人头费的供方可以是某个体执业医师或某家医院。个体执业医师在获得人头费后，通常被要求提供初级卫生保健服务，之外还可能负责购买上级医院的服务。医院在获得人头费后，则向服务对象提供住院服务，也可以提供门诊服务。人头费中可以包含诊疗费和药品，或仅仅覆盖诊疗服务。在绝大部分国家，按人头支付的方式用于支付初级卫生保健服务，因此以下以全科医生提供的初级卫生保健人头费为例，介绍按人头支付的操作方法和管理要点。

（二）操作方法

实施按人头支付需要界定人头费所包含的服务范围、计算基础人头费率、确定签约人数及设定风险调整系数。具体的测算和操作过程如下[2, 6]。

1. 界定人头费所包含的服务范围

界定人头费所包含的服务范围即服务包，需要与整个国家和地区的医疗卫生体制目标、各部分在卫生体系中的职能和定位相结合，需要考虑供方的服务能力，考虑服务扩张和整合的理想目标，以及改善人群健康的优先重点。定义人头费服务包的范围是一个重新界定初级卫生保健与上级卫生服务的边界、调整卫生服务体系重点领域，以及在初级卫生保健中引入纵向整合式服务的契机。

在初级卫生保健中所界定的按人头支付的服务包大多较为广泛，强调常见病的诊断和治疗、慢性病管理及疾病预防和健康促进，具体而言包括社区首诊、妇幼健康、家庭护理、免疫接种和筛查等服务。服务包的界定需要参考服务的临床证据和成本效果证据，参考诊疗规范，以覆盖实现人群健康目标的优先领域和服务，其范围应该适度，不应过度或不足。

2. 设定统筹基金并计算基础人头费率

按人头支付费率的最简单情况，就是在一定地理或行政区域内，所有供方获得同样的人头费率（基础人头费率）。因此，基础人头费率就是用支付方能用于支付的资金总额，即统筹基金总额，除以供方签约的总人头数，最基本的公式为

$$初级卫生保健年度基础人头费率 = 某年初级卫生保健统筹基金总额 \div 供方签约的总人头数 \quad (2\text{-}3)$$

确定统筹基金的方法主要有自下而上的成本核算法及自上而下的基金分配法。自下而上的成本核算法是测算并加总近年来用于初级卫生保健服务的投入成本的过程。计算成本时，可以直接利用过去几年的实际费用，也可以根据服务成本和服务利用的历史数据做出推测。这一方法建立在历史成本可以反映现有服务的实际成本，且这一成本结构可以被延续的假设上，但是通常情况下，过去对初级卫生保健的支付往往是不足的。自上而下的基金分配法是指事先通过行政决策，确定支付者所拥有的资金总额中分配给初级卫生保健服务的比例的方法，是一种资源分配的政策管理工具。利用这种方法，可有效配合政策目标，加大过去往往投入不足的初级卫生保健领域的资源投入。

3. 建立供方签约人数数据库

实施按人头支付方式时必须清楚地知道在每个服务提供者处登记注册即签约的人头数。在一个按人头支付的体系下，必须预先将所有人口划归到不同的供方，在今后一定时间段内由某一供方为参保人员提供医疗卫生服务。可以通过管理分配手段，如按照所属地域将人群分到某一医疗机构，也可以由参保人群预先自由选择负责为自己提供服务的供方。在确定了每一个服务供方的签约人头数信息后，需要建立起一个完备的数据库，在这个数据库中除包含签约人员的基本信息外，也需包括以下用于风险调整的基本信息记录。

4. 计算风险调整系数

由于不同的人群卫生服务需求及随之产生的服务成本存在较大差异，不同的供方所签约服务的人群可能存在很大差别，如果对所有供方都采取同样的人头费率会引起公平性问题，往往会导致供方在签约时产生风险选择行为和在服务提供中产生推诿高风险人群行为。因此，支付者通常考虑以风险调整系数对基础人头费率进行调整后来反映不同人群卫生服务成本的差别，从而向供方提供正确的激励机制。

风险调整系数用来反映不同人群之间的卫生服务需要及满足这些不同需要的服务成本的实际差别，最常见的是以不同年龄和性别的疾病类型及死亡率来对卫生服务需要及资源的耗用情况进行预测，也有将居住地理性、民族、就业情况、患病与死亡情况、社会因素等纳入风险调整的考虑。不同的风险调整因素及方法与当地卫生服务体系的特点及决策者可获得的数据紧密相关。

风险调整系数的具体测算步骤如下。

第一，对服务包中的服务项目进行成本测算。首先，确定服务包中服务项目的分类。基层医疗卫生机构提供的初级卫生保健服务一般可分为诊疗、孕产妇保健、计划免疫、健康咨询、检查化验、理疗、家庭访视等几大类。然后，通过成本核算，计算每一类服务的单元成本。

第二，确定不同年龄、性别组人群的卫生服务利用。在对人群的分组标准上，并没有最佳经验，一般取决于当地可获得的数据。通常考虑性别和年龄，年龄常以 5 岁一组进行分组。

第三，整合成本测算、人群分组和卫生服务利用信息，计算各组相对系数。

按年龄/性别分组后，某医疗机构某一组（A 组）的年人头费计算公式为

$$
\begin{aligned}
A组人群的年人头费用 = &A组人群年总卫生费用 \div 在该机构 \\
&签约的A组人群总人数
\end{aligned} \tag{2-4}
$$

则 A 组人群的年人头费相对系数计算公式为

$$
\begin{aligned}
A组人群的年人头费用相对系数 = &A组人群的年人头费用 \div 在该机构 \\
&签约的全部人群年人头费用
\end{aligned} \tag{2-5}
$$

第四，合并组别，生成年龄/性别调整系数。根据计算得到的各组相对系数情况，将资源消耗相似的组进行合并，简化分组并最终计算出各组的风险调整系数。决策者在合并组别时，可以与相关卫生政策目标结合起来，使风险调整系数对服务供方提供特定人群的服务产生适宜激励。

5. 计算每个卫生服务机构的人头费预算总额

上述步骤完成后，可以计算各个供方应该获得的人头费预算总额，公式为

$$
\begin{aligned}
&某医疗卫生机构的年度人头费总额 \\
=&基础人头费率 \times 该机构签约人数 \times 该机构的风险调整系数 \\
=&基础人头费率 \times 该机构签约人数 \times \sum（该机构中属于 A 类的人的比例 \\
&\times A 类的人的风险调整系数）
\end{aligned} \tag{2-6}
$$

6. 下拨人头费预算并进行监测

将计算确定的人头费预算的全部或部分下拨给各供方机构，并建立监测和质量保证体系，确定指标，收集、分析数据并反馈给供方，以监督服务供方的服务产出和绩效，可以将此监督检查结果与部分人头费预算挂钩，如果供方绩效良好则进行人头费预算全额结算并予以奖励，如果供方绩效不佳，则扣减人头费预算，即实施按绩效支付。

案例 2-1 显示了年龄/性别调整系数及超支时基础人头费率的调整。

案例 2-1　年龄/性别调整系数及超支时基础人头费率的调整

假定下一年可用于分配给基层卫生服务机构的总经费是 150 万元；市场上共有 3 个基层卫生服务供方，签约登记人群的结构如下表。

基层卫生机构	签约登记人口数量/人					
	总数	<5 岁	5~19 岁	女性 20~54 岁	男性 20~54 岁	≥55 岁
A	5 500	339	791	1 750	1 681	939
B	3 800	255	437	1 340	1 245	523
C	5 600	336	700	1 867	1 782	915
合计	14 900	930	1 928	4 957	4 708	2 377

年龄/性别调整系数如下表。

年龄/性别组	儿童<5 岁	儿童 5~19 岁	女性 20~54 岁	男性 20~54 岁	≥55 岁
调整系数	3	0.8	1.3	0.8	1.2

未调整时，基础人头费率为 1 500 000 ÷ 14 900 ≈ 100 元。假如用未调整的基础人头费率来计算卫生服务机构总预算，购买方对卫生服务供方的总支付金额为 1 739 530 元，超出可分配资金总额 239 530 元，如下表所示。

医疗机构	年龄/性别组					总金额
	<5 岁	5~19 岁	女性 20~54 岁	男性 20~54 岁	≥55 岁	
A	339×3×100	791×0.8×100	1 750×1.3×100	1 681×0.8×100	939×1.2×100	639 640
B	255×3×100	437×0.8×100	1 340×1.3×100	1 245×0.8×100	523×1.2×100	448 020
C	336×3×100	700×0.8×100	1 867×1.3×100	1 782×0.8×100	915×1.2×100	651 870
合计	279 000	154 240	644 410	376 640	285 240	1 739 530

为保持预算平衡，当使用年龄/性别调节因子来调节基础人头费率时，调整后的基础人头费率为 86.23 元，计算过程如下。

$$\frac{1\ 500\ 000}{\begin{array}{l}339\times3+255\times3+336\times3+791\times0.8+437\times0.8+700\times0.8+1\ 750\times1.3+1\ 340\times1.3\\+1\ 867\times1.3+1\ 681\times0.8+1\ 245\times0.8+1\ 782\times0.8+936\times1.2+523\times1.2+915\times1.2=17\ 395.3\end{array}}$$

经调整后，对供方支付的总金额不超过预算，如下表。

医疗机构	年龄/性别组					总金额
	<5 岁	5~19 岁	女性 20~54 岁	男性 20~54 岁	≥55 岁	
A	339×3×86	791×0.8×86	1 750×1.3×86	1 681×0.8×86	939×1.2×86	551 563
B	255×3×86	437×0.8×86	1 340×1.3×86	1 245×0.8×86	523×1.2×86	386 328
C	336×3×86	700×0.8×86	1 867×1.3×86	1 782×0.8×86	915×1.2×86	562 109
合计	240 582	133 001	555 676	324 777	245 963	1 500 000

注：为简化表示，表中将人头费率 86.23 元取整列入，计算时按 1 500 000÷1 739 530×100 元代入

三、优势与不足

（一）优势

按人头支付是一种以人为单位的预付制，购买者可准确预测费用支出，也让供方看到可预见的现金流，有利于控制医疗费用上涨；鼓励提供者主动降低服务成本，防止过度提供服务；同时可以促使提供者注重预防保健，以避免日后提供更加昂贵的治疗性服务；方法相对简便易行，医疗保险机构和定点医疗机构均易操作，没有繁杂的申报和验证过程，管理相对简单，管理成本不高。

（二）不足

供方可能出于控制成本的目的减少必要的检查和诊疗服务，缩短服务时间，使用低成本低质量的设备仪器，一味收治病人增加等候时间，从而对服务质量产生负面影响；同样出于控制成本的目的，供方增加不必要的转诊，实际为费用的转移；如果不根据个人风险程度对人头费进行调整，会诱导医疗机构选择性地接受症状较轻、风险较低的患者，而推诿重病患者；按人头支付在一定程度上限制了患者对供给者的选择性，通常一个人一年只能选择一所服务提供机构；如果患者缺乏选择，则服务提供者缺乏竞争意识，医务人员没有提高服务水平的积极性，服务质量可能下降。

四、实施中的关键问题

（一）以定点签约服务为基础

按人头支付的理念是将每个人获得服务包的全部预算资源打包给一个医生或

一家医疗机构，因此，所隐含的实施条件是人头费中所包含的服务应由相对固定的供方来提供，即签约家庭医生或定点医疗机构。否则，如果患者可以随意到不同的供方就诊，其在不同医疗机构的服务利用不固定，则难以将资源分配到特定的服务供方。实施定点签约后，支付方可以清楚地知道每个供方的签约人数及加总后的总人数，这是测算基础人头费率和每个供方人头费预算总额的基础；服务供方也能明确地知道自己的服务对象及从支付方获得的经费总额，从而有计划地实施签约人群的健康管理和诊疗服务。

当前我国正在实施分级诊疗制度改革，一些地区对于重点人群先行探索了家庭医生签约服务，确定了签约居民和服务包，这为实施按人头支付奠定了较好的基础。同时，由医疗保险对签约服务给予按人头支付，通过新支付方式对家庭医生给予经济激励，有助于促进家庭医生签约服务和分级诊疗制度的实施。

（二）绩效监测

在按人头支付的激励机制下，供方有较强的控制成本的动机，有利的一面是供方会将服务重心向那些成本效果好的预防类服务转移，而不利的一面是供方可能减少必要的服务提供，并降低服务的质量。因此，在实施按人头支付的情况下，需要建立起一个完善的监测和质量保证体系，并加强相关的监督和检查，使供方确保提供必要的服务数量和质量。在一些发达国家，专业团体的自律性及临床诊疗规范在这方面发挥了良好的作用。在发展中国家，在专业性组织尚未发展成熟的情况下，可先由支付方发起建立这一体系，并逐步纳入供方参与，逐步强化供方的自我管理和约束。

绩效监测体系主要包含四个要素：一是绩效框架，确定服务评估的主要维度；二是具体的绩效指标，用以测量绩效；三是数据的收集、分析和解释；四是结果的应用。绩效监测的结果可以直接与支付额挂钩，即按绩效支付；也可以对公众产生一些间接的影响，如将监测结果向公众公布，会影响公众对服务供方的选择，也可以促使供方通过改善服务行为追求更好的声誉。

（三）基层医疗卫生机构与医院的分工协作

过去，配置到基层医疗卫生机构和医院的卫生资源严重失衡，基层医疗卫生机构资源不足，发展受到制约。对基层医疗卫生机构实施新的按人头支付的支付方式改革，是一次调整基层医疗卫生机构与二级、三级医院分工协作的契机。通过新支付方式调动基层医疗卫生机构的积极性，转变服务模式，促进基层机构的可持续发展，吸引更多患者下沉基层，从而减少对不必要的医院服务的利用；医院也可以在此过程中优化服务结构和转型升级，重点诊治急危重症，提高服务的含金量，从而促进卫生服务体系分级诊疗、有序协作的实现。

（四）强化医保管理部门的购买能力和基层医疗卫生机构的服务管理能力

作为卫生服务的购买者，医疗保险管理机构要实施按人头支付，需加强对这种支付方式的管理能力。第一，需要与供方签订服务协议，并确保服务购买协议的履行；第二，必须具有良好的数据基础，需要掌握在各供方签约的参保人员的人口学、疾病状态等特征；第三，为计算人头费率和风险调整系数，需要有良好的财务信息管理及数据分析能力；第四，需要管理信息和服务质量监测系统，评价供方服务的绩效。

对于基层医疗卫生机构而言，首先需要加强自身的医疗卫生服务能力，通过有质量的服务赢得参保者的信任，从而吸引更多参保者签约，获得更多资金支付。其次，基层医疗卫生机构要能认识并理解新支付方式所带来的激励机制的转变，从而积极主动地调整服务模式、改善内部管理，以获得最大收益。

第四节　按病种支付

一、内涵

（一）定义

1. 按病种支付和 DRG 支付

按病种支付[6]（case-based payment）是一个广义的概念，多用于支付医院住院服务，是指对一个病例在特定住院时间内的所有服务，按照一个固定的金额进行支付。支付的费用标准可以按照所有住院病例的平均费用，或者是所在部门的所有住院病例的平均费用，或者是某一个诊断分组中所有病例的平均费用。其中，最常见的支付方式是 DRG 支付。

DRG 支付是以国际疾病诊断分类为基础，根据病人的年龄、性别、住院天数、治疗方式、疾病严重程度、合并症与并发症及转归等因素把住院病例分入几百个相关组内，不同组别预先设定不同的支付标准，以此向服务供方支付的方式[7]。DRG 支付可以理解为将所有病例分为若干个具有同一主要诊断，即具有临床特征相似性，且耗用资源相似的病例组合。在现实中，通常结合临床医学证据，通过临床路径测算出各组医疗费用的支付标准。在这种支付方式下，医院所获得的补偿是按照每位患者所属的疾病分类、症状特点和治疗方式登记而预设的，所以医院的收入和病种的实际费用无关。

2. 单病种支付

在国内医疗保险经办实践中，还有一种普遍采用的按病种支付方式，称为单病种支付。单病种支付是指对诊断明确、无并发症和合并症、治疗方式单一的疾病，按照病种确定定额支付标准，向医疗机构支付的方式。它被认为是按病种支付方式的一种初级形式。

DRG 支付与单病种支付的相同点在于两者都是以疾病诊断为基础的支付方式，作用在于控制每个病例的医疗费用总量。两者都将医疗服务全过程视为一个单元，按照确定的支付标准向医疗机构支付，而不是按照诊疗过程中实施的每个服务项目进行支付，实际支付额与每个病例的病种有关，而与治疗的实际成本无关。两者的不同点主要体现在病种分组的方式上。DRG 支付以国际疾病诊断分类标准（如 ICD-10）为基础，根据疾病严重程度、合并症和并发症等因素，将疾病归结于不同的组，并测算每一组的费用标准，每个分类组组内的同质性和组间的差异性明显。单病种支付多为相对单纯、无并发症的疾病，甚至只是某种治疗方式（如手术），在分类上是根据可能影响医疗资源利用的因素对病种进行细分。正由于两者在分组方式上的不同特点，DRG 支付往往是面向整个医疗保险补偿制度而设定的几百个组别，覆盖了整体疾病谱，形成了不同分组之间有一定关联的疾病分类体系，在支付标准上根据不同疾病分组权重的大小有一定相关性；而单病种支付往往仅覆盖有限的疾病种类，在分类上不是系统的而是孤立的，且不同病种的支付标准没有直接相关性[8-9]。

本章下面出现的按病种支付主要是指 DRG 支付。

（二）激励机制

按病种支付所确定的病种支付标准是针对一组医疗机构而不是单一医疗机构，即根据一组医疗机构治疗某一种疾病的平均预期费用来给予支付。有些病例的实际成本可能超过支付标准，有些病例则可能低于支付标准，这正是按病种支付的特点。如果对每个医疗机构都按照其实际发生的病种费用给予支付，则没有奖励，医疗机构没有动力来提高效率。如果按病种平均费用给予支付，能对医疗机构产生经济激励，鼓励医疗机构主动寻求最合理的治疗流程，提高工作效率，节约医疗资源，降低每一个病例的成本使其低于支付标准，从而获得结余。同时，通过提供优质高效的服务，在市场竞争中得到认可，医疗机构能吸引更多患者，也能获得更多收益。

二、实施方式

DRG 支付的实施方式主要如下[10]。

（一）适用范围

DRG 分组系统几乎可以覆盖所有病种。国际上一般对治疗急性病的医院、家庭护理机构、临终关怀机构、医院门诊病人、精神病住院机构、住院康复机构、长期护理院等进行支付时采用不同的病种预付标准[11]。

（二）操作方法

设计和实施按病种支付一般包括以下六个步骤：确定疾病诊断分组、进行成本测算、计算各疾病组权重、计算基础支付标准、设计信息和支付系统及修正疾病分组。本章主要介绍其中最重要的三个步骤：确定疾病诊断分组、计算各疾病组权重、计算基础支付标准。

1. 确定疾病诊断分组

确定疾病诊断分组一般有三个步骤，具体如下。

第一，确定疾病分组的结构。①通过创建主要诊断分类（major diagnostic categories，MDC）将疾病分为几十个类别。例如，美国 DRG 分为神经系统、眼、耳鼻嘴喉、呼吸系统、循环系统、消化系统等 25 个主要诊断分类[10]；②依据治疗方式为药物治疗还是手术治疗，对各主要诊断分类进一步分组；③根据患者年龄进一步分组，一般可分为成人（18 岁及以上）和儿童（18 岁以下）两大年龄组；④根据有无并发症情况进一步分组。

第二，确定每一个国际疾病分类（international classification of diseases，ICD）编码的成本。①通过医院病例数据库先计算每一个病种治疗一例患者的平均成本；②将所有病种及费用按照 ICD-10 编码汇总；③如果某病种的平均成本在 ICD 主编码同组的病种中高于或低于 2 倍标准差，则视为离群值，去掉离群值以保证同一个疾病组之间成本和资源耗费的相似性。此病种不纳入 DRG 支付计算，会做单独的支付安排。

第三，结合临床和经济标准，确定疾病诊断分组。①建立基于诊断的疾病组，在这一过程中综合考虑临床上和经济上的组内同质性，在每一个主要诊断分类之下将临床上具有相似特征、资源成本消耗接近的 ICD 编码分为一组；②计算每一疾病诊断组治疗一例患者的平均成本，在计算过程中需去掉离群值。

　　疾病诊断组的划分既是科学也是艺术，有些病种通过统计分析能较为容易地进行分组，而有些病种分组则需要依靠专家判断。疾病相关诊断分组的数量并非越多越好，分组越细组间差异越小，每一组中的病例数越少，对疾病组费用的估计就越不稳定。因此，需要在分组数量和每组病例数之间进行权衡。美国目前使用的 MS-DRG v34.0 共有 757 个疾病相关诊断组。案例 2-2 展示了 2010 年美国 DRG 的部分疾病分组情况。

案例 2-2　　2010 年美国 Medicare 中部分 DRG 分类举例

　　以下选取了 2010 年美国 Medicare 中部分 DRG 分类及权重，对此进行说明。下表中所列的 8 个 DRG 分类主要诊断编码均为 11，表明均为肾相关疾病。前 4 个 DRG 类别采用手术治疗，后 4 个为药物治疗，总体而言手术治疗的 DRG 权重高于药物治疗。在同一类疾病中，如肾和输尿管肿瘤手术，根据有无并发症及并发症的轻重程度可细分为三类，分别对应三个 DRG 编码，三者权重关系为有主要并发症与合并症>有并发症与合并症>无并发症与合并症。同时，比较住院天数可以发现，住院天数越长的 DRG 分类，权重相对越高。

2010 年美国 Medicare 中部分 DRG 分类及权重

DRG 分类码	主要诊断编码	治疗类型	DRG 分类名称	权重	平均住院天数	
					几何均数	算数均数
652	11	手术	肾移植	2.9736	6.5	7.5
656	11	手术	肾和输尿管肿瘤手术（有主要并发症与合并症）	3.2592	7.7	9.9
657	11	手术	肾和输尿管肿瘤手术（有并发症与合并症）	1.8523	4.8	5.6
658	11	手术	肾和输尿管肿瘤手术（无并发症与合并症）	1.3668	3.0	3.4
682	11	药物	肾衰竭（有主要并发症与合并症）	1.6422	5.1	7.0
683	11	药物	肾衰竭（有并发症与合并症）	1.0523	4.2	5.2
684	11	药物	肾衰竭（无并发症与合并症）	0.6746	2.9	3.5
685	11	药物	肾透析	0.8994	2.5	3.4

　　资料来源：美国 Medicare 和 Medicaid 服务中心网站

2. 计算各疾病组权重

　　在 DRG 支付体系下，每一个病例被归到相应的疾病诊断组中。基于每一组患者治疗消耗的平均资源,赋予每个 DRG 相应的支付权重[12],用于支付标准的测算。

病例组权重(case group weight,CGW)由这一组病例的平均费用除以全部病例的平均费用得到 [式(2-7)],表示该疾病组的资源消耗相对于疾病治疗平均消耗水平而言的相对系数。

$$第 i 疾病诊断组权重 = 第 i 疾病组的平均费用 ÷ 全部疾病组的平均费用 \tag{2-7}$$

3. 计算基础支付标准

基础支付标准(the base payment rate)也称为基础费率,是医院每一个病例的平均支付标准,是设定每个病种支付标准的起点。在按病种支付中,基础支付标准的设定是一项主要的政策杠杆,影响着医院和卫生体系其他部分的资源配置,以及医院之间和区域之间的资源配置。它可以作为促进公平的工具使用,例如,当增加长期资金不足的地区的基础支付标准时,会增进公平。

基础支付标准的计算公式为当年用于医院支付的资金总额除以全部医院各疾病组总病例数,即

$$当年基础支付标准 = 当年用于向全部医院支付的资金总额 \\ ÷ 全部医院各疾病组总病例数 \tag{2-8}$$

按病种支付常和总额预算结合起来实施,当支付给全部医院的资金总额有硬性预算上限时,如果病例数超过预期或者患者的疾病严重程度平均值超过预期,基础支付标准需要随之进行调整,可以通过病例组合指数(case mix index,CMI)来实现。病例组合指数是对医院收治患者的疾病严重程度、服务量和资源消耗的综合测量,可以计算单个医院的病例组合指数,也可以计算一个地区的病例组合指数,计算方法见案例 2-3。

使用病例组合指数调整后的基础支付标准计算公式为

$$当年基础支付标准 = 当年用于向全部医院支付的资金总额 ÷(全部 \\ 医院各疾病组总病例数 × 病例组合指数) \tag{2-9}$$

案例 2-3 使用病例组合指数调整的基础支付标准计算案例

某地区有 2 所医院 A 和 B,均提供 2 个疾病组 X 和 Y 的治疗服务。X 疾病组的权重为 1.3,Y 疾病组的权重为 0.5。A 医院去年治疗了 X 组患者 35 例、Y 组患者 15 例,B 医院去年治疗了 X 组患者 25 例、Y 组患者 25 例。每家医院的病例组合指数计算如下表所示。

每家医院的病例组合指数

医院	疾病组 X 的病例数（权重=1.3）	疾病组 Y 的病例数（权重=0.5）	病例组合指数
A 医院	35	15	（35×1.3+15×0.5）÷（35+15）=1.06
B 医院	25	25	（25×1.3+25×0.5）÷（25+25）=0.90
合计	60	40	（50×1.06+50×0.9）÷（50+50）=0.98

A 医院的病例组合指数为 1.06，表明其所治疗患者的疾病严重程度高于平均。B 医院的病例组合指数为 0.90，表明其所治疗患者的疾病严重程度低于平均。

假定今年对 2 所医院治疗疾病组 X 和 Y 给予的总预算为 10 万元，基于历史数据计算，今年的基础支付标准为

$$基础支付标准 = 100\ 000 ÷ （0.98×100） = 1020 （元）$$

资料来源：Langenbrunner J C，Cashin C，O'Dougherty S. Designing and Implementing Health Care Provider Payment Systems：How-To Manuals. Washington，D.C.：The World Bank，2009

4. 某医院按病种支付的实际支付额计算

在确定疾病诊断分组、计算各疾病组权重和基础支付标准后，可计算对医院每一个疾病组治疗每例患者的支付费用，测算公式为

$$某疾病组每病例补偿标准= DRG 基础支付标准×该疾病组的 DRG 权重$$

$$(2-10)$$

将某医院当年提供服务的各疾病组支付标准乘各疾病组人次数，然后相加，即可得到医疗保险对该医院的病种付费总额。

5. 其他考虑因素

除按上述公式计算病种支付标准外，还可以根据医院所处地区、是否为教学医院、是否为收治低收入患者较多的医院、高费用病例数等实际情况考虑对医院的额外支付。例如，美国的 DRG 支付标准是按照联邦支付标准确定的，考虑到医院所处地区的不同，按照"大城市"和"其他"设为两档。如果医院收治的低收入患者占总患者人数比例很高，那么医院可以在 DRG 支付标准之上获得一定比例的额外支付。这一额外支付被称为医院超份额（disproportionate share hospital，DSH）调整，即在支付标准上增加一定比重，以保证医院正常运营[13]。对于特殊的高费用病例（费用为离群值），给予的支付额度有所提高，增加的支付用于保护医院由罕见的高额病例导致的大额经济损失。

三、优势与不足

（一）优势

（1）按病种支付下，医生需要在有限的病例费用约束下进行合适的治疗方案的选择，于是有动力缩短住院天数，加强成本管理，提高效率和产出，在一定程度上控制医疗费用的不合理增长。

（2）按病种支付下，医疗机构主动引入临床路径和对病种的标准化管理，在一定程度上减少了不合理的医疗服务，通过提高医院管理能力，改善了服务质量，至少在大多数国家实施 DRG 支付之后没有影响服务质量。

（3）促进医院各部门间的协作，通过统一的信息平台对医疗机构进行标准化管理，医院各个部门之间的透明化程度得到了加强，各部门共同协作提高效率。

（二）不足

（1）在成本控制的动机下，可能会影响医疗机构服务质量和患者权益。由于每一个病例费用标准固定，医疗机构有减少每例病例成本的强烈动机，其可能的行为一方面是减少必要服务、缩短必要住院天数、推诿重病患者，在缺乏质量监控的情况下，可能因降低服务质量而危害患者健康和利益；另一方面是选择症状较轻患者，或诱导患者住院，分解住院人次等，增加病例的数量，以增加收入。

（2）医疗机构容易出现诊断升级（upcoding）的行为，将低级别组的疾病诊断为高级别组，从而获得更高的支付标准。诊断升级不会直接影响患者的服务质量，但会导致卫生系统的不合理支出和低效率。

（3）疾病诊断分组及支付标准制定困难，需要大量数据信息和统计分析支持，对信息系统高度依赖，管理成本高。

四、实施中的关键问题

（一）科学合理地确定疾病诊断分组和支付标准测算

按病种支付如何进行疾病诊断分组，以及分组后如何进行支付标准测算是这一支付方式的核心内容，也是难点所在。它要求收集相关医院用于 DRG 分组的疾病诊断、患者性别、并发症等全部信息，并详细测算病种成本，在此基础上进行疾病分组和支付标准测算，对数据的完整性和制度设计者的专业性、技术性要求很高。

（二）信息系统建设和疾病编码规范

如前所述，实施按病种支付需要收集大量的疾病诊断、患者个人特征信息及费用信息作为分析和制度设计的基础。这要求医院有较为完善的信息系统，并在日常的诊疗工作中能收集这些信息，主要包括患者性别、年龄、主要诊断、附加诊断（包括并发症和合并症）、疾病轻重程度、病程分期分型、合并症轻重程度、是否手术和手术大小、住院天数、住院费用（分类明细）、主要治疗操作与技术强度、护理以及最终治疗结果等。同时，作为疾病分组的重要依据，ICD 编码的准确性对于病种分组有重要影响。当前我国医疗机构的住院疾病编码存在着缺乏专业人员、编码不准确或未编码、编码质量不高的问题，因此，需要加强对编码人员的专业培训。

（三）加强对医院的服务质量监测和审核

为减少医院应对按病种支付出现的减少必要服务、缩短必要住院天数、推诿重病患者、降低入院标准、分解人次等行为，医保管理部门应该对医院建立起质量监测和审核制度。借助先进的信息系统，实时收集服务过程中的数据，通过人工抽样审核、计算机智能审核、重点质量指标趋势分析等方式，加强对医疗服务质量的监管。发现医疗机构的违规服务行为，可不予支付，严重者应进行惩罚。

第五节　复合式支付方式

一、内涵

（一）定义

复合式支付方式（mixed provider payment system，MPPS）是指医疗服务购买方组合多种支付方式对医疗服务供方进行支付[14]。对复合式支付的理解应从卫生系统的视角，包含所有的购买方和供方，其重点并不是单一的某个支付方式，而是如何将多种支付方式有机组合，使其对服务供方的激励相一致，共同导向提升卫生系统效率、公平、质量和风险保护的目标，实现全民健康覆盖。

（二）目标

复合式支付方式为多种支付方式的组合，互为补充，通过一系列一致性的激励，向医疗服务供方发出一个总体的信号[15]，达成影响供方服务行为、改善医疗卫生服务质量和效果的目标。这些具体目标如下。

（1）提供适当的服务。基于临床指南、实际情况提供适宜的治疗，并在合适的医疗机构提供这些服务，不会提供过度服务或存在服务不足。

（2）提供公平的服务。按照患者的需求提供公平的服务。

（3）提供及时的服务。供方所提供的服务应是及时的，应在等级合适的医疗服务机构提供及时的服务，通过确保合理的转诊顺序，以保障医疗服务的提供连续性。

（4）合理调配资源。在医疗机构内，供方应基于证据，考虑健康需求及其优先次序，对资源进行调配。

（5）供方接受支付方式及其规定。

二、表现形式

复合式支付方式的具体表现形式可分为两类：一是单个医疗服务购买方对同一服务供方采取多种支付方式；二是卫生系统内有多个医疗服务购买方，以不同的支付方式和不同的支付标准向同一个供方进行支付。

几乎所有国家对供方的支付都是复合式支付，具体的组合方式有所不同。以德国、法国、美国为例（表2-4），各国均有社会保险、商业保险等多个服务购买方，不同购买方对同一类别的服务机构、同一类别的服务其支付方式存在差异。对于全科医生或医生服务的主要支付方式是按人头支付+按项目支付，或按人头支付+按绩效支付；对于住院服务的支付主要是 DRG 支付+按项目支付，或 DRG 支付+按床日支付。

表 2-4　代表性国家医疗保险复合式支付

国家	购买方	全科医生/医生服务	急性住院/住院服务
德国	社会医疗保险	按人头支付+按项目支付	DRG 支付
	商业医疗保险	按项目支付	DRG 支付
法国	社会医疗保险	按项目支付+按绩效支付	公立医院：DRG 支付 私立医院：DRG 支付+按项目支付
	商业医疗保险	按项目支付	公立医院：DRG 支付 私立医院：DRG 支付+按项目支付

国家	购买方	全科医生/医生服务	急性住院/住院服务
美国	医疗照顾计划	按项目支付	DRG 支付
	医疗救助计划/儿童健康保险计划	按人头支付+按项目支付	DRG 支付+按床日支付
	商业医疗保险	按人头支付+按项目支付+工资制	按项目支付+按床日支付

三、复合式支付下的供方行为及对卫生系统的影响

（一）复合式支付下的供方行为

复合式支付的目标是对供方形成一系列有利于实现全面健康覆盖目标的激励措施，但实际情况中复合式支付方式存在不一致甚至矛盾的激励，导致供方产生与效率、公平、高质量、实现财务风险保护的目标相背离的服务行为。复合式支付下供方可能产生的行为有以下几种。

1. "撇奶油"

"撇奶油"（cream-skimming）是指供方选择治疗成本相对较低、能获得更多支付的患者进行优先服务。这种行为会造成那些供方认为无法通过治疗获利的患者的医疗服务可及性受损，影响公平性，增加其自付费用。同时供方也会对获利可能性更大的患者提供过度的服务，降低效率和质量。

2. 服务转移

服务转移（service-shifting）是指供方会通过转诊等方式将患者转移到其他医疗服务供方，从而避免提供服务，减少治疗成本。转移服务使服务的效率、质量和对患者的财务风险保护均受到负面影响，同时使患者因不必要转诊和沟通而增加费用支出。

3. 资源转移

资源转移（resource-shifting）是指将人力、床位、物资等资源投到供方认为更有可能获利的服务、床位、服务单元、服务部门、技术设备上。一方面，合理的支付方式设计能促使供方主动进行资源的合理配置，提升服务质量和效率。另一方面，可能会影响预防服务、健康促进服务等难以获得盈利的医疗卫生服务的提供。

4. 成本转移

成本转移（cost-shifting）是指相对于其他支付标准相对较低的购买方，供方对部分提供更高支付标准的购买方收取更多的费用，具体包括过度收费和额外收费两种，过度收费是制定并收取高于正式价格的费用，而额外收费则是对非临床必需的服务进行收费。成本转移虽然能实现一部分的内部交叉补贴，但仍会影响筹资的公平性和整体的财务风险保护，降低服务效率。

（二）复合式支付对卫生系统的影响

复合式支付除了会对供方行为形成激励，对整体的卫生系统也会形成潜在、更加广泛的影响，主要包括以下几个方面。

1. 医疗卫生服务的碎片化

当多个供方受到不同激励产生不协调的服务行为时，会造成服务的碎片化，导致卫生系统的效率降低、服务连续性受损和质量下降，同时重复提供服务也会导致自付费用的增加。

2. 行政成本较高

复合式支付方式中多种支付方式的具体规定、合同均不同，导致供方管理过程的行政成本增加，从而导致卫生系统的整体低效，增加卫生支出。

3. 公共支出不合理

当复合式支付方式对私立医疗机构或更高等级的医疗机构的支付标准更高的时候，更多的资金会流入私立和更高等级的医疗机构，导致公立医疗机构资源短缺、可及性降低、质量下降等一系列问题，尤其是对于在公立医疗机构就诊的患者，其自付费用会增加，卫生系统整体的财务风险保护减弱。

4. 卫生总费用的增加

复合式支付方式对私立医疗机构的支付标准更高，可能会导致供方所需的医疗服务相关产品的价格上涨，导致卫生总费用和患者自付费用不断上涨。

四、复合式支付应关注的问题

每一种支付方式有其自身的优势和不足。相对于单一的支付方式而言，复合式支付的优势在于，能尽量减少某一单一支付方式的负面效应，通过多种支付方式的相互补充，取得综合优势，提高支付的整体效果。然而，各国在实施复合式支付时，仍存在多种支付方式间无法有效协同的问题。因此，在实施复合式支付的过程中，为进一步实现全面健康覆盖的目标，减少不合理激励对卫生系统的负面影响，需要关注以下关键问题。

　　第一，单个购买者对同一个供方的多种支付方式需要协同，调整多种支付方式的组合使之形成激励的一致性。第二，多个购买方的复合支付需要协同，可通过统一支付方式和支付标准，统一结算、报告和管理程序等，发挥复合式支付的优势。第三，多措并举，不断提升医疗保险治理，通过明确政策目标及框架、提高战略性购买能力、不断实践和修正等，提升复合式支付的整体绩效。

本章参考文献

[1] 刘芳，赵斌. 德国医保点数法的运行机制及启示[J]. 德国研究，2016，31（4）：48-63，145-146.

[2] 人力资源和社会保障部社会保险事业管理中心. 医疗保险付费方式经办指南[M]. 北京：中国劳动社会保障出版社，2014.

[3] Liu X Z. Policy Tools for allocative efficiency of health services[R]. Geneva：World Health Organization，2003.

[4] 王群，杨瑾，朱坤. 德国医疗费用控制的经验与启示[J]. 卫生经济研究，2019，36（9）：22-24，28.

[5] 陈文，刘国祥，江启成，等. 卫生经济学[M]. 4 版. 北京：人民卫生出版社，2017.

[6] Langenbrunner J C，Cashin C，O'Dougherty S. Designing and Implementing Health Care Provider Payment Systems：How-To Manuals[R]. Washington，D.C.：The World Bank，2009.

[7] 程晓明，叶露，陈文. 医疗保险学[M]. 上海：复旦大学出版社，2003.

[8] 李包罗，华磊. DRG's 是科学解决"看病贵"问题的有效途径[J]. 中国医院，2006，（3）：19-22.

[9] 崔泳. DRG-PPS 与单病种付费的区别及所面临的挑战[J]. 中国信息界（e 医疗），2010，（3）：24.

[10] Design and development of the Diagnosis Related Group (DRG)[EB/OL]. https://www.cms.gov/icd10m/version37-fullcode-cms/fullcode_cms/Design_and_development_of_the_Diagnosis_Related_Group_(DRGs).pdf[2021-10-20].

[11] Centers for Medicare and Medicaid Services. Prospective payment systems - general information [EB/OL]. https://www.cms.gov/Medicare/Medicare-Fee-for-Service-Payment/ProspMedicareFeeSvcPmtGen/index.html[2018-11-30].

[12] Centers for Medicare and Medicaid Services. Acute inpatient PPS[EB/OL]. http://www.cms.gov/Medicare/Medicare-Fee-for-Service-Payment/AcuteInpatientPPS/index.html[2018-11-30].

[13] Centers for Medicare and Medicaid Services. Disproportionate share hospital[EB/OL]. http://

www.cms.gov/Medicare/Medicare-Fee-for-Service-Payment/AcuteInpatientPPS/dsh.html[2020-09-11].

[14] Mathauer I, Dkhimi F. Analytical guide to assess a mixed provider payment system[R]. Geneva: World Health Organization, 2019.

[15] World Health Organization. Strategic purchasing for universal health coverage: unlocking the potential[R]. Geneva: World Health Organization, 2017.

第三章　医疗保险创新支付方式

第一节　供方创新支付概述

一、创新支付方式产生的动因

随着人口老龄化、疾病谱转变、慢性病和共患疾病增多及健康风险因素增加，人们对于以人为中心的、满足多重需求的、连续性的、整合式的医疗卫生服务的需求也日益增长。这在客观上要求供方的支付方式能对提供这类整合式服务产生激励和导向作用。然而，传统的供方支付方式，如按项目支付、按人头支付、工资制、总额预算或 DRG 支付等，较少能对改善服务的整合性和协同性、满足需方的多重需求产生激励，容易导致服务碎片化，患者的体验和健康结果也较差。

就单个支付方式而言，其在实现卫生系统改善服务质量、提高效率方面，有各自的优势和不足。例如，按服务支付会导致供方提供更多不必要的服务以增加收入；按人头支付能控制费用，但是可能导致供方减少合理服务的提供；总额预算同样可以控制费用，但是可能会增加等候时间，导致可及性下降；DRG 支付能引导供方关注技术效率以更好地利用资源，如减少住院日，但是也会造成医院收治更多病人。

因此，各国亟须探索新的支付方式，使对供方的支付同卫生系统更广泛的目标协同起来。创新支付方式成为满足当前卫生政策目标，促进协同性，提高医疗服务质量、结果和效率的重要途径。

二、创新支付方式的主要类型

各国纷纷开展支付方式改革探索（图 3-1），主要的创新支付方式有三种，分别为附加支付（add-on payment）、捆绑支付（bundled payment）和基于人群的支付（population-based payment），其具体内涵如下。

附加支付：在已有支付方式的基础上额外增加一种支付方式，从而激励供方行为，导向所期望的目标。最常见的附加支付是为改善服务质量，在现有支付方式之上叠加一个按绩效支付。

捆绑支付：对一次治疗事件或对慢性疾病的打包支付，通常是与特定疾病和治疗相关，旨在提高服务质量，降低费用。

基于人群的支付：一组服务提供者根据其所覆盖的人群获得支付，从而使这组供方为此群人提供绝大多数所需要的卫生服务，成为此群人的主要健康服务负责人。这种支付方式通常有提高质量和控制成本的内在要求。

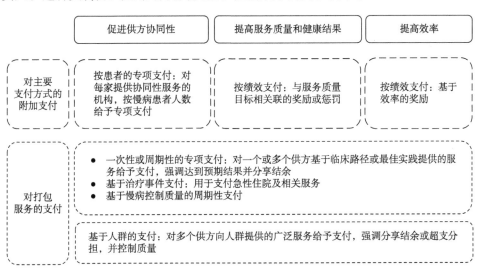

图 3-1　医疗保险创新支付方式探索

三、创新支付方式对卫生系统的影响

近年来，许多国家开展了对供方创新支付的探索（表 3-1）。相关研究表明[1]，创新支付能有效提高服务质量，为患者提供更有价值的服务，同时对成本有一定影响。具体而言，附加支付能有效提高服务质量，同时还体现出控制成本的优势，能额外促进供方间的信息收集和共享。捆绑支付有助于提高服务质量，但在成本控制方面的优势仍不明显。基于人群的支付有助于改善服务的整合性，未来长期能带来更好的服务质量、减缓费用增长的趋势，但具体的效果还有待进一步监测评价。

表 3-1　创新支付对质量和成本的影响

支付方式	国家	项目	质量	成本
附加支付	德国	cardio-integral	+	+
	法国	ENMR	+	+
捆绑支付	美国	ACE	+	+
	荷兰	bundled payment for diabetes	+	−
		bundled payment for Parkinson's disease	+	+
基于人群的支付	美国	ACO	+/−	+/−

注：①cardio-integral，指德国针对心血管疾病患者的个体供方实行的事前事后结合的附加支付；②ENMR 全称为 expérimentations de nouveaux modes de rémunération，指法国多学科事前附加支付项目；③ACE 全称为 bundled payment for acute care episodes cardiac and orthopaedic care，指美国针对心脏病和骨科患者急性发作的捆绑支付；④ACO 全称为 Accountable Care Organizations，指责任保健组织；⑤+ 表示正向影响，− 表示负向影响

第二节　按绩效支付

一、内涵

（一）定义

按绩效支付也称基于绩效的支付（performance-based payment）。与以往的支付方式有所不同，按绩效支付是将对卫生服务的支付与服务的质量及结果直接挂钩，根据供方是否达到绩效标准进行差异化支付的一种支付方式。购买者与供方事先为指定的服务项目协商制定若干绝对或相对的、与医疗服务提供过程和结果质量相关的绩效标准，事后根据供方对绩效标准的实现程度，决定对供方的支付额度。按绩效支付将支付的关注点从服务的数量转向质量，更注重实现医疗质量的提高。

（二）激励机制

按绩效支付方式的提出源于医疗服务质量不理想的客观现实及对质量加强控制的理念，强调对医疗服务质量而非数量的回报。购买方希望以最低的成本获得供方高质量的医疗服务。假设提高服务的质量需要供方的"努力"，为确保供方服务质量的改进，则必须给予经济奖励（或惩罚）。然后，购买者为供方设置经济奖

励（或惩罚）的标准，供方通过将预期的财务收益与所需的工作进行比较以响应激励，从而不断努力改进绩效。

这种机制的基本原则是奖优惩劣，即奖励服务质量好的，惩罚服务质量差的，试图采用经济手段，为供方降低成本、提高服务质量与效率的结果和努力提供经济激励，从而促使供方改变医疗行为和调整内部管理，改善短期和长期的医疗质量，所以和传统的支付方式相比具有更好的激励效果。

二、实施方式

（一）适用范围

按绩效支付既可以成为一种单独的支付方式，也可以与其他支付方式合并使用。有学者认为，按绩效支付是一种全新的支付方式，可以代替传统的支付方式。而在现实应用中，按绩效支付大多以对传统支付方式的补充和优化的形式出现，从而形成以传统结算方式为基础、以按绩效支付为补充的复合式支付方式。例如，将按人头支付与按绩效支付相结合，在拨付人头费时预留一定比例（如30%），在年终根据绩效结果进行调整拨付。

同时，按绩效支付的方案设计既可以是针对医疗卫生服务提供者的，即作为供方支付方式的一种；也可以是针对医疗产品的提供者，如药品、医疗器械生产厂商，作为购买方确定保障范围（产品准入）时的一种风险分担方式。

（二）操作方法

在实施按绩效支付项目时需要从以下三个步骤来考虑[2-4]。

1. 绩效的维度与指标选取

实施按绩效支付的第一个关键步骤便是依据目标确定绩效维度及相应的绩效指标。在医疗保健领域，绩效维度可以包括临床质量、服务可及性、效率、患者满意度、公平性等多个方面。通常按绩效支付选取的绩效维度是临床质量，可以通过"结构-过程-结果"理论框架对质量进行测量：结构层面主要涉及相关资源的投入，包括医疗服务设施、医生的教育水平和专业化水平、信息系统的使用情况等；过程层面主要涉及服务的提供过程，通常与临床指南相关，包括供方如何实践临床指南与患者管理，有时也可以是评价医生执业行为的一些指标，如诊治时间、预防措施采用的情况、诊治模式等；结果层面度量了购买方想要获得的健康结果。由于长期的或基于人群的健康结果在短期内难以获得，一般而言，结果指标较少包括死亡率或发病率，更多的是中间的临床结果，如血压控制情况、血糖水平和胆固醇水平，或者是可避免的并发症等。最终的绩效评价指标往往是经过各利益相关方协商来确定，并受限于现有的数据和信息系统。

2. 衡量绩效

实施按绩效支付的第二个关键步骤是根据绩效指标来衡量绩效，从而构成奖励或处罚的基础，以确定供方所应获得的激励水平。常见的选择包括：绝对绩效、改进绩效和相对绩效。

1）绝对绩效

绝对绩效是指购买方事先为绩效指标设定目标或标准，奖励通常是基于目标达成情况进行的额外支付。在这种模式下，目标的设定可能需要复杂的风险调整机制以考虑不同的患者。此外，这种模式没有为已经达到目标阈值的供方提供激励，可能导致供方将重点放在更容易达到目标的患者上，特别是在风险调整不充分的情况下。

2）改进绩效

改进绩效是指将供方与其自身过去的绩效情况进行比较，基于绩效的变化或者改善情况进行奖励。使用供方的改进情况作为奖励的基础，通常对供方具有更直观的吸引力，也可以鼓励供方持续性地进步。但是，改进绩效有利于原本表现不佳的组织或机构，因为这些组织有着较大的改进余地；然而改进绩效可能不利于那些本来就具有较高绩效的组织，奖励"后进者"而非"优异者"。此外，改进绩效可能会使供方认为获得改进的"奖励"可能意味着未来更严格的绩效目标，从而抑制供方对绩效改进的追求。

3）相对绩效

相对绩效是指设定一组进行比较的组织或机构，基于供方相对于其他供方的表现，即绩效的相对排名来进行奖励。相对绩效使得绩效标准不用随时间进行调整，也可以鼓励供方为了成为顶尖表现者而付出更大的努力。但是相对绩效可能会加剧供方之间的不平等，使激励对低绩效者不起作用，而低绩效者往往最需要额外的资源来提高绩效。

3. 实施激励支付措施

实施按绩效支付的第三个关键步骤是实施奖励支付。按绩效支付可以采用多种形式的财务激励，需要考虑以下几点：激励水平、激励对象、非财务激励。

1）激励水平

何为适宜水平的激励是一个备受争议的话题，但相关研究和实施经验提供的答案却很少。适宜水平的激励会使供方认为值得为此激励做出响应，但不会扭曲供方的行为并导致预料之外的后果。通常，对供方来说"有意义"的奖励金额容易受到其本身基础收入和利润率的影响。

2）激励对象

向供方机构还是向服务提供者个人进行奖励支付可能会影响按绩效支付对供方行为的作用程度。对按绩效支付项目的评价研究结果显示，与针对整个机构的激励计划相比，针对服务提供者个人或团队的激励计划有着更为积极的结果。然而，对于许多绩效指标而言，让服务提供者个人对结果负责是不合理的。但无论如何，都应将按绩效支付的目标传递给每一个服务提供者。

3）非财务激励

非财务激励可以是对供方绩效排名的公开宣传。虽然公开供方的绩效排名不是直接的财务奖励，但当患者或保险机构根据供方排名来确定如何选择供方时，公开排名便可以转化为财务奖励。然而，由于隐私保护及相关的法律法规的要求，公开供方的绩效情况在有些情况下可能无法实现。

三、优势与不足

（一）优势

相较于以服务量为基础的支付方式，按绩效支付更注重的是服务质量，因而有助于促使供方为获得奖励支付而提高服务质量，从而改善服务结果。同时按绩效支付有助于控制卫生服务成本，是实现卫生服务战略性购买的重要手段。

（二）不足

建立一套完整而科学的绩效考核指标比较复杂，确立激励的最佳时限和激励的强度也非常困难，持续追踪并评估服务提供者的绩效水平需要大量的资源投入，管理成本高。同时，该支付方式也会出现一些负面影响：服务提供者可能为追求较好的绩效结果而不愿意接受重症患者，即发生逆向选择，服务提供者可能只片面重视绩效考核指标的改善而忽视非考核服务的质量，或只重视考核指标的记录而非真正改善服务（如改善慢病随访记录而不是实际改善随访服务），即供方博弈行为。

四、实施中的关键问题

（一）基于目标确定绩效评价指标

在实施按绩效支付之前，应明确其实施目标，如是为了促进哪些具体问题的质量改进，或者是为了增加患者对供方的选择。明确的目标有助于确定绩效评价指标及实施按绩效支付的具体措施。绩效评价指标或指标体系的构建应结合临床服务的规范性和改革的目标要求来设定，与服务供方充分沟通和协商，从而为按绩效支付奠定基础，并保证其有效实施。

绩效评价指标应客观、易获得、易测量。例如，英国实施对全科医生的按绩效支付时，最初的质量与结果评价框架指标数量较多，组织机构和患者体验等方面的指标不易收集和进行客观评价，因此在后续的改革中被逐步删减。

绩效指标及其参考标准既要体现标准化服务的要求，也要根据绩效指标完成情况而不断发展，是一个动态发展的过程。例如，在按绩效支付的初期，在相关医疗信息数据尚不全面、不完整的情况下，为了鼓励服务提供者多使用电子信息系统、生成服务过程和结果的数据，往往会将信息系统应用情况、患者登记情况等作为绩效评价指标之一。随着医疗机构信息化的不断发展和完善，当这一类指标在全部服务提供者中完成率都比较高时，可以考虑移除此类指标，代之以其他反映服务发展目标的指标。

（二）奖励支付的资金来源

用于绩效奖励的资金主要有两种来源。一种是投入新的资金用于奖励支付，如英国在实施按绩效支付之初拨付了 34 亿英镑作为三年的实施费用，用于对达到绩效目标的全科医生进行奖励；法国在开始实施按绩效支付项目时也投入了 80 亿欧元作为三年的实施费用[4]。这种方式更容易实施，但由于新投入的资金将分配给高绩效者，可能会加剧供方之间的不平衡。另一种是利用现有的资金进行支付，如在按人头支付的金额中预留一定比例的资金，根据绩效结果进行调整拨付。这种方式有利于促进供方提供更优质的服务，但潜在的收入损失可能会使得供方参与按绩效支付的积极性不高。

（三）保障绩效指标数据可得性与真实性

在按绩效支付的实施过程中，绩效指标数据可得性是按绩效支付的设计的基础，以及推动绩效改进的决定性因素。因此，如何改进数据与信息系统成为实施按绩效支付的关键问题之一。通常，在医疗保险制度中实施按绩效支付依赖于医保赔付数据，这些数据通常是最容易获得的。但是，医保赔付数据并非旨在测量绩效，而且无法完整地刻画供方行为和呈现服务结果。因此，应当强化服务过程中的数据收集与信息化建设，如英国主要依赖于从电子医疗记录中提取匿名数据。此外，对于绩效评价的数据应当进行核查与验证，以防止夸大的报道或其他可能的手段导致的"过度支付"。同时，绩效指标数据的核查也为购买方和供方之间就当前绩效、改进障碍等问题提供双向对话的重要机会。

（四）激励时限的选择

更频繁的激励支付可以增加供方的积极行为，从而促进绩效持续增长，但是需要更加复杂的数据收集与更加自动化的分析工具，较为耗时且昂贵。因此，按绩效支付通常采取年度奖励支付，这虽然不是最理想的状态，但可能是最现实的选择。

（五）加强双方沟通

在按绩效支付的实施过程中，应加强购买方与供方之间的沟通，通过紧密交流与协商来合理确定绩效评价指标，并向供方明确购买方所需的结果。同时，适时向供方反馈其绩效情况也有助于供方进一步改善绩效。

五、典型案例

（一）英国对全科医生服务的按绩效支付

英国对全科医生服务以按人头预付为主。国家卫生服务体系（National Health Service，NHS）于 2004 年 4 月 1 日引入了世界上最大的一项健康相关的按绩效支付项目——"质量和结果框架"（Quality and Outcomes Framework，QOF），在按人头支付的基础上实施按绩效支付，主要目的是促进全科医生提高初级卫生保健服务的质量。尽管这是一项自愿参加的项目，但在实施初期 QOF 使全科医生通过质量改进获得了 15%~20% 的额外收入，因此吸引了 95% 的全科医生参加。

1. 绩效评价指标设定与激励水平

英国国家健康与临床卓越研究院开发了 QOF，通过综合打分对全科医生的服务进行衡量并给予额外的经济激励。QOF 包含一套反映全科医疗服务质量的指标和评分体系，包含质量评价的几个重点维度，每一个维度都含有多个指标，并且对具体指标赋予一定分值实现量化，最终依总分值对各全科诊所实施奖励。QOF 主要组成部分是临床、组织、患者体验和其他服务[5]。严格意义上来说，QOF 并不是一套绩效考核体系，其强调自愿参与，是一套对高质量全科服务进行额外奖励的经济激励系统。目前英国超过 8000 家全科诊所参与其中，覆盖了大约 5400 万名注册病人。在每一个财政年度开始时，全科医生会承诺达到一定的质量标准，可以提前获得部分的 QOF 拨款，以补偿提供符合这些质量标准的服务的成本，之后 QOF 会根据实际上达到的质量标准将其余的部分奖励给全科医生[6]。

在实施初期，QOF 涵盖 4 个维度的 147 个指标，经过多次修改后，目前包括临床领域和公共卫生领域两个方面的内容。临床领域包含 19 个临床项目，69 个指标，总计 435 分，主要项目包括：心房颤动、冠状动脉心脏病的二级预防、心脏衰竭、高血压、外周动脉疾病、卒中和短暂性脑缺血发作、糖尿病、哮喘、慢性阻塞性肺病、痴呆、抑郁症、精神卫生、癌症、慢性肾病、癫痫、学习障碍、骨质疏松症与继发脆性骨折的预防、类风湿关节炎、临终关怀。公共卫生领域包含 6 个公共卫生项目，12 个指标，总计 124 分。涵盖的公共卫生项目包括：心脑血管疾病的一级预防、血压、肥胖、吸烟、宫颈癌筛查、避孕。其中前 4 项适用于所有参与 QOF 的全科诊所，后 2 项适用于提供补充公共卫生服务的全科诊所[6-7]。

各诊所在每一指标上的得分乘每一分值的平均支付额加总即可得出初步支付额度，再按该地区的疾病发病率和服务人口规模进行调整，对于补充公共卫生服务指标，还要再根据目标人群因素进行调整，得出应支付数额。

2. 协议管理

2004 年英国启动对全科医生的按绩效支付时，QOF 是作为国家卫生服务体系与英国医学会全科医生委员会签订的全科医疗服务协议的一部分被引入的。该协议每年初签署一次，会明确在这一年中对于全科医疗服务总的经费投入，重点加强的工作、服务的重点人群、数据采集等内容。每一年 QOF 的指标数量、指标得分和分值调整情况等若有变化，均会在协议中予以明确[8]。

3. 绩效监测与信息公开

QOF 中临床质量相关的数据从全科医生电子记录中直接提取，这得益于英国在此之前已经建立了较为完善的初级卫生保健信息系统。实施 QOF 后，全科医生更广泛地使用电子信息系统，雇用更多的管理人员采集和管理所需要的数据。QOF 对全科医生的绩效进行年度考核，考核的结果为每个全科医生在每一项指标的得分，作为测算全科医生获得奖励金额的基础。该得分在 QOF 网上数据库中向社会公众公开，居民可以查询和比较自己签约的全科医生及全国其他全科医生的绩效得分情况。

4. 实施效果

QOF 有利于对全科服务进行标准化，统一的定价和支付体系有利于减少不同地区初级卫生保健的服务差异。激励了全科诊所服务的积极性，使其为病人提供更高质量的医疗服务和对慢性病进行更有效的管理，有效地改善了护理质量。QOF 中对于全科医生正确治疗糖尿病设有绩效目标和激励，其糖尿病管理效果和质量有明显提高，2013 年英国的糖尿病患者的住院率在经济合作与发展组织（Organization for Economic Co-operation and Development, OECD）国家中最低[8]。

（二）美国 Medicare 对医院基于价值支付项目

医院基于价值支付（Hospital Value-based Purcahsing, HVBP）项目是美国医疗保险和医疗救助服务中心（Centers for Medicare & Medicaid Services, CMS）在 DRG 支付的医疗照顾计划基础上针对美国所有为 Medicare 患者提供急性住院服务的医院实施的一种按绩效支付方式，旨在兼顾服务数量、质量和成本控制。

1. 支付对象

HVBP 适用于全美 50 个州和华盛顿哥伦比亚特区所有为 Medicare 参保患者提供急性住院服务的医院，但向偏远地区提供服务的医院（指向偏远农村地区居民提供有限的门诊和住院服务的小规模医院）、儿童医院、退伍军人医院、长期照护机构、精神病院和康复医院等医疗机构不包含在内[9]。此外，还排除了曾发生过对患者产生直接危害事件的医院、在医院住院患者质量报告（Hospital Inpatient Quality Reporting, HIQR）项目中被扣减了医保基金的医院、未提前 1 年在由 CMS 和医院质量联盟（Hospital Quality Alliance）建立的医院排行网站上提交住院患者质量报告的医院、不满足 HVBP 各测量维度和指标的最低样本量要求的医院[10]。

2. 支付方式

HVBP 不是一个单独的支付系统，而是 Medicare 对医院实施 DRG 支付基础上的补充支付制度[10]。自 2013 财年（2012 年 10 月 1 日到 2013 年 9 月 30 日）开始，CMS 从需支付的 MS-DRG 年度医疗费用总额中，预先扣除 1%的金额作为 HVBP 项目资金，2013 财年至 2017 财年预扣金额百分比逐年增长，分别为 1.00%、1.25%、1.50%、1.75%、2.00%，2017 财年以后均为 2.00%[11]。这些资金由 CMS 统一管理和重新分配。CMS 根据每家医院的总绩效得分计算出基于价值的调整因子，最终将此调整因子用于计算每家医院相应的 MS-DRG 支付标准，从而对医院进行相应的奖励或惩罚[12]。

HVBP 绩效评价体系中的评价指标来源于 HIQR 项目，各维度名称及权重每年都会进行动态调整[13-14]。2020 年 HVBP 评价维度主要包括四个方面[12, 15]：①临床诊疗质量。临床诊疗质量分为临床诊疗过程和临床诊疗结果。其中，临床诊疗过程主要评估医生是否在治疗疾病过程中依照循证医学证据做出了正确处理；临床诊疗结果是评估患者接受治疗后的医疗效果。②个人和社区参与。个人和社区参与主要根据患者就医过程中的感受来评价。③医疗安全。医疗安全主要评估围产期和术中、术后的感染情况。④效率和成本控制。效率和成本控制主要通过比较 Medicare 参保患者的医疗费用与此前年度人均医疗费用来进行评估。

绩效评分结果既基于各医院的相对得分，也基于每家医院与自身基线相比的改善水平[16]。每项指标的最终得分取成就分（achievement points）和改善分（improvement points）中更高的一项。成就分指该医院与其他所有医院相比得出的分数；改善分是指该医院与其过往的基线表现相比得出的分数。此时，阈值即其基线表现，高质量基准值和得分规则与成就分相似。用各指标得分得到维度得分后加权即可获得该医院 HVBP 总表现分。

3. 支撑机制

HVBP 需要以下支撑条件。第一，需要有完善的信息系统支撑，确保对医院服务提供行为的监控和质量的评价。第二，需要技术人员支持，帮助和引导医院领导层理解项目内在激励机制并协助规划和改进医疗管理及医疗质量。第三，对医院管理能力有较高要求，尤其是为低收入、保险不足、易受伤害的患者提供服务的医院或医疗服务组织，如安全网医院（safety-net hospital），需要提升在 HVBP 计划下的管理能力。因为这些医院或医疗服务组织的运营预算较为紧张，医保补偿的损失可能对其服务供给能力产生较大影响[17]。

4. 实施效果

CMS 将医院获得的医保补偿与 HVBP 所定义的价值联系在一起，且这部分收入的多少是基于该医院与其他医院或与以往自身表现的比较来决定的，其本质是将医院间的竞争引导到价值层面。要获得更多的收入，医院就必须在该项目定义的指标上比其他医院表现得更好，或者比以往自身的表现更好，因此为医院改善相关指标提供了内在动力。随着项目覆盖的医院数量和涉及的医保支付金额比例上升，这种竞争会变得更加激烈。

研究表明，HVBP 的激励促进了医院与急性期后护理服务供方的整合[18]。但由于实施时间短，缺乏对于 HVBP 实施效果的长期追踪研究，目前对于其效果尚未得出统一结论。有研究[19-22]表明它提高了服务质量，但对患者死亡率、临床过程或患者满意度等方面没有显著影响。

第三节　捆　绑　支　付

一、内涵

（一）定义

捆绑支付又称按治疗事件支付（episode-based payment），是一种新型的卫生服务支付方式，是基于临床上定义的治疗事件来补偿服务提供者的方式。治疗事件被定义为一段时间内，建立在某一特定条件或程序上的不同卫生服务提供者（机构）提供的一系列医疗卫生服务。因此，捆绑支付是指将患者在一定时期内由于某种疾病而需要的一系列特定的、具有内在联系的服务连接在一起的共同支付方式。

（二）激励机制

在捆绑支付中，医保方为整个治疗时间的服务过程支付，而不仅仅是为单项服务支付，通常包含常见的合并症和并发症，有时也可将药物治疗纳入捆绑支付包中。在服务项目被捆绑的同时，财务风险从支付方转移到了供方。供方提供的服务成本若超过支付标准，将面临经济亏损风险；若服务成本低于支付标准，则将获得一定盈余；但若一味追求低成本而影响服务质量，则患者后续的合并症、并发症及再入院治疗的发生又会使其面临更严重的成本超支风险。同时，对某一治疗事件的服务可能涉及不同部门甚至不同机构的服务，对不同服务提供者间的协作提出较高要求。因此，在捆绑支付下，服务供方有较强的成本控制、提高服务质量和服务协调性的动力[23]。

二、实施方式

（一）适用范围

可使用捆绑支付的服务通常是某一疾病或医疗事件的固定期间内整个连续性的服务过程，其范围涵盖医院、医生、护理机构和相关医疗卫生服务提供者所提供的所有诊疗服务及其后续健康服务（合并症或并发症的治疗、再入院治疗等）。使用捆绑支付的常见治疗事件包括：心肌梗死、泌尿道感染、充血性心力衰竭、中风、败血症等[23]。

（二）操作方法

1. 设定支付标准

捆绑支付的支付标准通常是根据预期的平均治疗成本预先确定的，支付标准的设定是实施捆绑支付的关键难点。但由于医疗卫生服务提供者或医保方通常不从一次治疗事件成本的角度评估成本，缺乏直接可用的数据，需要借助建模进行成本测算。

在计算捆绑支付的支付标准时，第一步，根据信息系统的历史报销数据计算出基准价格（benchmark price），其中包含已观察到的费用支出、基于案例组合的预期费用支出及各年龄组群体的支出变化趋势。第二步，建立费用转化模型共识，使用该公式将上一步骤中计算出的基准价格转换为医保支付标准，该公式建立应基于对通货膨胀和医保基金变化情况等的综合考虑[23]。

2. 确定支付涵盖的服务范围

捆绑支付项目可以包含先进的、基于价值选择的治疗方式，或仅涵盖与其他领域大致相同的常规医疗服务项目，其所涵盖的服务范围是造成不同项目间差异的最重要因素。捆绑支付项目具体包含的医疗服务范围的选择应基于医疗服务的目标。

例如，对于整合型卫生服务供给模式来说，其目标之一是提高不同专业人员间的合作与协调性，因此相应的捆绑支付可以与其服务提供过程中的具体流程密切相关，并授权特定人员以协助协调的职责与权力。根据不同治疗事件的具体特征及服务目标，在捆绑支付中纳入特定服务项目或相关疾病，能够有效激励供方规范服务提供过程、提高服务质量。例如，将中风或急性心脏病与痴呆症相结合进行捆绑支付。

三、优势与不足

（一）优势

捆绑支付主要为了控制服务费用，具有控制成本的经济激励，并鼓励供方提供可供选择的优质服务，同时促进参与治疗的各方之间更为密切地合作，配合同一治疗事件中的其他服务提供者。

（二）不足

目前的按治疗事件支付方式只能解决所有患者治疗中的一小部分，有大量的设计和操作问题需要考虑，如治疗事件的不同定义、单位事件支付额的计算和分配方法，以及新收费/支付系统的需求和消费者保护等问题。

四、实施中的关键问题

（一）不同类型捆绑支付模式的选择

在捆绑支付模式中，根据付款与服务提供的先后顺序可以分为两种主要模式：前瞻性和追溯性捆绑支付模式。前瞻性捆绑支付中医保部门根据实际情况对未来的治疗事件中的服务资源消耗情况进行预判，并预先确定支付标准。追溯性捆绑支付中医保部门是在医疗服务过程结束之后，根据预先确定的服务期间所有的服务或治疗的捆绑支付费率进行支付。这两种模式的不同之处在于，前瞻性捆绑支付能够更加简单、直观地比较出实际服务成本与预定的支付价格之间的差异，形成价格调整反馈；但在预先测算支付标准、达成协议并完成完整的支付流程方面更具挑战性。此外，在治疗过程中患者出现对新的诊断或未预期服务的需求时，该支付方式不如追溯性捆绑支付灵活。追溯性捆绑支付允许卫生服务提供者根据实际情况灵活解决患者的现实需要[24]。

根据风险分担机制的不同，捆绑支付还可分为部分风险（或无风险）支付模式及双向风险支付模式两种。在部分风险（或无风险）支付模式中，若服务费用低于支付标准，则供方可获得相应的奖励，但在高于支付标准时不会受到财务惩罚；而在双向风险支付模式中，医疗卫生服务供方承担服务费用超支的财务风险，即如果服务费用低于支付标准，可获取结余奖励，但如果服务费用超过其预定支付价格，医疗机构将受到财务惩罚。在实践中，大多数服务供方更喜欢部分风险（或无风险）支付模式，但双向风险支付模式在激励供方控制成本、提高效率方面更为有效[24]。

（二）测算支付标准时的风险调整

对于实施捆绑支付而言，最大的挑战是病例平均费用的测算。因为即便属于同一诊断，不同的病例可能因个体情况不同，医疗费用差异巨大，而这种差异使卫生服务供方承担较大的财务风险。当一些客观原因导致患者可能需要消耗极高的服务费用时（通常为离群值），如果不受控制，卫生服务供方将受到异常值的惩罚，与其消耗的成本不成比例。因此，个性化的风险调整预测模型的构建对于有效识别合并症/并发症发生概率、治疗难度及资源消耗水平，制定合理的支付标准等至关重要。

风险调整不仅应包括患者因素、共患疾病情况，还应根据疾病特征考虑病理学的复杂性。同时，可以增加离群值保护或止损保护规定，即实际医疗费用在跨越预定的成本阈值后，医保部门可对此病例进行单独结算，不考虑协商的捆绑支付价格的限制。

（三）服务协调员的任命

捆绑支付有时是对不同卫生服务供方所提供的服务统一打包支付，涉及医务人员间、部门间及机构间的协作问题。在这种支付项目中，通常需要任命专门的服务协调员，协助患者在相关医药服务机构间的转诊及服务利用。

目前已有的实践，大多由护士担任服务协调员，负责协调、安排患者的就诊与转诊等，也有项目由全科医生承担这一职责，但越来越多的组织倾向于利用非专业医务人员（如社工）承担协调性工作。

（四）数据质量

实施捆绑支付方式的基础是高效互联的数据信息，其对数据的可及性和数据质量有较高要求。基于不同机构数据及信息系统的关联，可通过分析患者卫生服务利用记录、医疗服务费用信息及临床流程的管理过程和绩效数据，测算医保支付标准，并对医疗服务提供过程和医保支付制度运行情况进行监测评价。因此，数据是捆绑支付改革和执行操作中的重要支撑条件。

此外，可基于已有数据挖掘分析患者的治疗过程与其后续结果之间的相关关系，用于预测分析有某些特定合并症的高风险患者群体，并为医保支付标准的调整更新提供依据。

五、典型案例

（一）荷兰慢病捆绑支付

作为传统的社会医疗保障制度国家，荷兰的医疗保险体系由基本医疗保险、特殊医疗保险和补充医疗保险构成。荷兰是欧洲实行法定医疗保险的国家中唯一实行全科医生首诊制的国家。患者可以自由选择全科医生签约，但有严格的转诊制度；全科医生的服务是免费的，由保险公司直接与全科医生结算，对全科医生的支付以按人头支付为主。

荷兰于 2010 年引入了捆绑式支付方式，用于支付整合式服务，主要覆盖糖尿病、慢性阻塞性肺病、哮喘的患者及心血管疾病风险人群，并制定了针对这四种疾病相应的服务提供标准，明确了对疾病提供"适当的服务"的范围。相关支付方式的实施与内容如下。

1. 支付对象

2007 年，荷兰卫生部开始将捆绑支付运用到整合医疗中，并以糖尿病为试点病种进行探索。2010 年，荷兰在全国范围内全面铺开，对糖尿病、慢性阻塞性肺病、哮喘及心血管疾病风险管理实行捆绑支付模式[25]。在该体系下，保险公司向服务小组支付单一费用，该费用覆盖了糖尿病、慢性阻塞性肺病、哮喘和心血管疾病风险管理的整个照护服务所需的全科医生服务和专科医生服务及费用。

2. 协议管理与支付

服务小组（care groups）是荷兰卫生服务体系中新兴的服务提供体，由地区的全科医生组成，规模一般为 4 名到 150 名全科医生不等，负责组织所有与管理这些疾病有关的服务供方及必要服务，协调对患者的健康服务工作，并为参与的服务提供人员分配和提供报酬。服务小组既可以自己提供服务，也可以将服务转包给其他提供者。

捆绑支付包括两级谈判和签约[26]：一级是保险公司与服务小组通过谈判的方式，确定患者一年内因上述四种疾病所需的全部费用（仅包括普通照护费用，并不包括处理潜在复杂并发症的服务费用，如住院费用、医疗器械和诊断费用等），签约后保险公司将所有费用提前支付给服务小组；另一级是服务小组与个体服务提供者谈判，如全科医生、专科医师、营养师、检验师及理疗师等，谈判完成后服务小组将服务进行转包并支付费用。制度设计试图通过服务小组之间的竞争及转包过程中个体服务提供者之间的竞争，以合理的价格来促进高质量服务的提供[25]。

3. 监测评价

为通过绩效考核指标评估和监管卫生服务质量，保险公司与服务小组签订的合约中通常会明确绩效考核指标，既包括过程指标（如在过去的两个月内患者足部检查的比例），也包括结果指标（如糖尿病患者的血糖控制率等）。捆绑支付所针对的服务包有国家服务标准、卫生服务团队及个体服务提供者必须遵守标准开展诊疗活动[26]。

4. 支撑机制

荷兰建立了多学科电子病历记录系统，该系统包括患者就诊、检查、转诊服务的详细信息，既能辅助服务提供者进行治疗与康复方案的选择，监测护理人员对医疗照护标准的执行，还能帮助持续监测、评估及反馈国家疾病护理标准治疗指标。荷兰通过建立数字技术平台，如多学科电子病历记录系统、居民电子健康档案等手段，促进服务供需双方实现即时健康信息共享与居民参与服务决策，从而保障医疗卫生体系内的服务一体化和协调性及服务的连续性。荷兰的信息化已经超越了单一的工具范畴走向了数字治理模式，并积极地融入智慧政府、智慧城市、智慧治理的共生网络管理之中[27]。

5. 实施效果

研究表明，捆绑支付提高了服务协调性，促进了不同层级不同类型卫生服务提供者之间的合作[28]，充分调动了全科医生提供协调性服务的积极性。2010 年已建立起 100 多个团队，大约 80%的全科医生加入了团队[26]。

在患者健康结果方面，捆绑支付没有显著优越性。捆绑支付下有些指标得到了改善，如糖尿病患者定期体检和足部检查率有所提高、血压值和胆固醇值有所降低；但有些指标未得到好转，如每年眼科体检率[29]。

（二）美国捆绑支付经验

自 20 世纪 80 年代中期美国联邦医疗保险 Medicare 对医院实施 DRG 支付以来，出现了医院为了节省费用让住院患者提前出院转至康复机构的情况，因此 Medicare 开始探索将医院住院服务和出院后服务捆绑支付的方式。在奥巴马医改中捆绑支付作为一种创新性的支付方式受到关注，CMS 于 2013 年开始试点服务改进捆绑支付项目，包括护理改善计划的捆绑支付（Bundled Payments for Care Improvement，BPCI）、关节置换综合服务模式、肿瘤服务模式等，其中 BPCI 的参与机构最多，目的是以较低的医疗保险成本带来更高质量、更协调的护理服务[10]。

1. 支付模式及服务覆盖范围

捆绑支付的范围主要是特定病种和特定手术，如心脏手术、骨关节手术等[12]。BPCI 由四种广泛定义的医疗模式组成，这四种模式将医保受益人在护理期间获得的多项护理服务的付款联系在一起[30]（表 3-2）。在 BPCI 项目中各组织签订了付款安排协议，其中包括治疗事件的财务和绩效责任。这些模式旨在以较低的医疗保险成本提高护理质量和护理协调能力。

表 3-2　BPCI 不同支付模式下适用范围以及所包含的服务[30]

项目	模式 1	模式 2	模式 3	模式 4
治疗事件	所有 DRG；所有急性病人	选定的 DRG；住院加上急性期后	选定的 DRG；仅在急性期后	选定的 DRG；住院加再入院
捆绑包中包含的服务	作为 DRG 付款的一部分支付的所有 part A 服务	初次住院，急性期后和再次入院期间的所有非临终关怀 part A 和 part B 服务	急性期后和重新入院时所有非临终关怀 part A 和 part B 服务	初次住院和再入院期间的所有非临终关怀 part A 和 part B 服务（包括医院和医师）
付款	回顾性	回顾性	回顾性	前瞻性

注：part A 为住院保险，主要覆盖住院服务；part B 为医生服务保险，主要覆盖医生服务和门诊服务

模式 1：将治疗事件定义为急性住院期间接受的服务，并覆盖了所有疾病诊断分组（DRG）。CMS 根据此类住院服务 DRG 的历史费用确定一个折扣率，从而确定捆绑支付的支付标准，在患者出院后支付给医院。由于在模式 1 中对治疗事件的界定很窄，没有跳脱出原有的 DRG 框架，限制了服务提供者改变服务模式、改善服务质量和减少成本的能力，导致这一模式在市场上逐渐失去吸引力。

模式 2、模式 3、模式 4 中，CMS 依据 DRG 设定了实施捆绑支付的 48 个临床病种。模式 2 将治疗事件定义为急性住院期间接受的服务加上出院后 30 天、60 天或 90 天内的所有相关服务。模式 3 将治疗事件定义为由出院后 30 天内第一次接受急性期后照护服务开始，到其 30 天、60 天或 90 天后结束，在此期间内发生的所有急性期后照护服务。模式 4 将治疗事件定义为急性住院期间接受的所有服务及出院后 30 天内的相关再入院费用。

模式 1、模式 2、模式 3 中采用回顾性捆绑支付模式，CMS 根据历史回顾数据确定每一个治疗事件的预定价格，在治疗事件发生期间内仍维持按项目支付，最终捆绑支付的实际支付额根据预定价格进行清算，结余的部分可以留给供方作为奖励，超支的部分供方需要承担，即实施双向结超分担的支付方式。而模式 4 采用前瞻性捆绑支付模式，由 CMS 事先确定患者整个住院治疗期间由医院、医生及其他医务人员提供的服务相应的打包费用，支付后不再进行清算，若超支由医疗机构自行承担。

2. 质量评估与监测

CMS 致力于确保医保受益人能够从参与 BPCI 的提供者那里获得高质量的护理服务。为此，CMS 正在积极监测护理质量。CMS 正在分析可从受益人的索赔和质量报告中获得的质量信息，以及通过调查和利用患者评估工具对护理经验和健康结果进行评估。CMS 的监测工作旨在确定质量改进情况，包括过程改进、结

果变化和支出减少；同时，CMS 的监测工作也关注不适当的服务，如限制服务、医疗机构基于财务收益最大化的原则选择收治的患者以及成本转移。

3. 实施效果

BPCI 项目由服务供方自愿参与，旨在促进服务提供者减少不必要的服务提供，在降低费用的同时保证或提高服务质量[31-32]。截至 2018 年 7 月 1 日，已有 255 家医院、485 家护理院、192 个医生集团、43 个家庭卫生机构、9 家康复机构参与 BPCI，其中模式 3 参与的机构数最多（577 个），模式 2 覆盖的治疗事件最多（约占 90%）。

实施捆绑支付后，各医疗服务提供者之间可加强沟通和协作，提高服务效率和质量。以 BPCI 项目为例，实施捆绑支付后，在一系列相互合作的服务提供者中会设定一个召集者，约 94% 的召集者为收治住院的医疗机构。召集者发挥的主要作用包括：对收治住院的医疗机构选择合适的模式给予咨询；提供管理支持和数据管理；协助设计服务流程，包括形成机构服务协议、协助病案管理和患者追踪、与合作单位建立关系等；提供风险管理和出院规划工具；分享信息和最佳实践。可见，通过召集者的功能使医院及提供非急性期护理服务的医疗机构相互协作，可提高效率，并为住院患者提供优化的、整合式的医疗服务。

捆绑支付实施后取得了积极的效果。根据 Lewin 咨询公司为 CMS 所做的独立评估报告[33]，BPCI 实施后 75% 的治疗事件的医疗费用降低，降低的主要原因是减少了对非急性期机构服务的利用，尤其是对护理院的利用；同时医疗服务质量，包括出院后的急诊次数、死亡率、重复入院次数等并无明显变化，患者功能状况与对照组相比无显著性差异。2016 年 BPCI 模式 2 为 Medicare 节约了 1.44 亿美元。

第四节　基于人群的支付

一、定义

一组服务提供者根据其所覆盖的人群获得支付，从而使这组供方为此人群提供绝大多数所需要的卫生服务，成为此人群的主要健康服务负责人。这种支付方式通常有提高质量和控制成本的内在要求。

二、产生的背景

整合型医疗卫生服务是近年来国际卫生改革的重要方向。世界卫生组织于2016年提出"整合型、以人为本的医疗卫生服务"框架[34]，强调卫生系统由以疾病为中心转变为以居民健康需要为中心，向居民提供包括健康促进、疾病预防、临床治疗和临终关怀等在内的整合式、连续性的健康服务。整合型医疗卫生服务通过协调各级各类医疗卫生机构之间的分工协作实现各类服务的有机整合，能更好满足居民健康需要，提升服务质量和效率，改善卫生系统的反应性，最终提升人民的健康水平、满足感和获得感[35]。因此，世界卫生组织将整合型医疗卫生服务作为实现全民健康覆盖的有效路径向世界各国推荐。

现有的针对单一医疗机构的传统支付方式未能有效激励供方提供连续的、整合的、以人为中心的服务。医保支付是基本医疗保险管理的重要环节，是引导医疗资源配置的重要杠杆，同时医保支付对医疗服务领域有多层次的影响，包括服务体系层面、医疗机构运行与管理层面及医疗服务供方个体行为层面，这使得医保支付成为国内外医改进程中的重要抓手。而目前广泛应用的医保支付方式大多是针对单一医疗机构的，在引导机构间合作、协同地提供连续性服务方面作用缺失，无法形成以人为中心的健康服务提供模式，导致出现了服务碎片化、服务质量和效率低下等问题。近年来，国际上基于人群的、覆盖整合型医疗卫生服务的医保支付方式的探索与实践证明其能够有效促进连续性、整合型服务的提供。

三、激励机制

在基于人群的支付中，卫生服务供方团队可以自主制定相应的服务提供策略和分工组合以降低服务成本。在支付方式的设计和引导下，服务提供模式发生了较大的变化，能够促进卫生服务提供者更加以患者为中心、减少不同服务供方之间的割裂、提高服务的连续性和整合性。

但由于协议管理、成本和质量指标的监测及报告的程序与要求，实施基于人群的支付可能会在一定程度上增加行政负担。

四、典型案例

美国在卫生系统费用高昂、卫生服务碎片化的背景下，于2012年开始推行ACO制度。在这项制度出现之前，美国的医生与各医疗机构在提供服务方面相互独立，缺乏衔接和协调，资金使用效率有待提升，ACO 使得各医疗机构和医生形成整合服务网络。

ACO 是由医生、医院和其他卫生服务提供者自愿组成的组织，以组织为单位向参保患者提供相互协调的、高质量的卫生服务，对服务质量和服务成本负责，旨在促进医疗服务提供者之间的沟通，避免不必要的重复服务，减少医疗失误。运行良好的 ACO 应具备三个特征：第一，以全科医生为基础；第二，采取与降低总成本、提升质量相关的支付方式；第三，采取能体现节约的绩效考核措施[36]。ACO 使以收治急重症为主的大医院与负责患者日常预防保健和基本医疗需求的基层医疗卫生机构分工明确，联系紧密，作为一个协调的整体，以更低的成本共同为患者的健康结局和医疗成本负责[37]。

（一）协议管理

ACO 可以形成公司制、合伙制等形式的法定机构，与 CMS 签订协议，合同期至少为三年一个周期，每个 ACO 至少负责 5000 名受益人三年的卫生服务[38]。2019 年 7 月以后，协议期至少为五年零六个月[39]。长期合同有利于促使 ACO 制订长期健康方案，加强预防与早期筛查，避免疾病发展、延误诊治造成更大的费用支出。

（二）保障对象

由 CMS 分配参保人群所属的 ACO，避免了医疗机构推诿病人或商业医疗保险的逆向选择问题。CMS 分配时考虑诸多因素，如参保人住址、主要就诊医疗机构、医保报销情况等。每个 ACO 至少负责 5000 名 Medicare 参保者或 15 000 名商业医保参保者。参保者可以自由就医，能够在一定程度上促进各 ACO 之间的竞争，激励其提高医疗服务质量。

（三）支付方式

ACO 采用总额预算的支付方式，通过结余共享、超支受罚的方式促使 ACO 控制成本[38]。由 CMS 根据目标人群前三年的实际费用测定总额基准（风险调整基准）。ACO 年医疗费用与医保确定的总额基准相比，结余金额>2%，可以共享结余；超支金额>2%，则需要分担超支费用。共享结余和分担超支的比例由 CMS 对 ACO 进行的质量评估结果确定。ACO 有四种不同的模式。CMS 通过"单向模式"（one-sided model）为成立不满两个协议期的 ACO 提供经济支持，在该模式下

ACO 可以共享结余，无须分担超支费用。ACO 还可以选择"双向模式"（two-sided model）中的一种，双向模式下不仅共享结余，还需要承担超支费用损失，其共享与分担的最高比例和封顶线有所区别，具体见表 3-3。

表 3-3　不同模式下的 ACO 共享结余与承担损失最高比例及封顶线[37]

模式	单向模式	双向模式		
		模式 1	模式 2	模式 3
共享结余最高比例	50%	50%	60%	75%
承担损失最高比例	不承担损失	30%	40%~60%	40%~75%
共享结余封顶线	当年预算的 10%	当年预算的 10%	当年预算的 15%	当年预算的 20%
承担损失封顶线	不承担损失	根据年度审核结果调整	首次加入 ACO：第一年为当年预算的 5%，第二年为当年预算的 7.5%，第三年为当年预算的 10%　非首次加入 ACO：当年预算的 10%	当年预算的 15%

（四）绩效考核与监测评价

CMS 对 ACO 进行的质量评估包括患者或照护者的体验、服务协调性与患者安全、预防服务、高危人群健康四个维度，共确定了 33 个 ACO 质量评价指标。CMS 通过 Medicare 报销数据、ACO 医疗质量报告及患者调查等渠道收集数据，对 ACO 的各指标进行打分，结合每个维度的权重计算得到总体分数，依据此分数确定共享结余和分担超支的比例。

为了确保 ACO 的行为符合规范，CMS 会监控评估 ACO 参与者的绩效，包括分析财务审计及质量评估数据报告、分析参与者和医疗机构投诉、审核结算数据及病案、对参保人进行调查及现场审查等。重点关注以下三个方面：第一，ACO 是否推诿高风险患者，如有推诿现象，将终止合约。第二，质量考核要求达标情况。如果 ACO 有任一维度指标达标率不足 70%，则被列入重点考核清单；如下一年度仍未达标，则终止合约[38]。如果 ACO 未能准确、完整和及时地报告质量评估结果，则在任何一年内均无资格共享结余。第三，财务指标。考核 ACO 中参保者按项目支付的费用是否超过规定上限，如超过则可能提前终止合约。

（五）实施效果

从 CMS 统计数据（表 3-4）来看[40]，Medicare 共享计划 ACO 数量不断增加，受益人范围不断扩大，节约医疗资金总额显著增加，医疗服务质量维持在较高水平且有所波动。此外，相比于其他医疗机构，ACO 表现出患者安全和护理协调质量方面的优越性[41]。

表 3-4　2012~2018 年 ACO 运行情况

年份	Medicare 共享计划 ACO 数量/个	受益人数量/万人	节约资金总额/亿美元	平均医疗服务质量评分
2018	561	1050	9.83	93
2017	480	900	7.99	92
2016	433	770	7.00	95
2015	404	730	6.45	91
2014	338	490	3.41	83
2012/2013	220	320	3.15	95

（六）支撑条件

ACO 要有效控制成本并改善保健服务和人群健康，需要以下多种能力。

首先，要建立正式的法定结构（law structure）、有力的治理机制，以克服医疗服务的分散局面，对达成质量和成本指标的给予奖励，并促进医生和医院之间的合作。

其次，ACO 应在整个医疗服务过程中将各医疗服务提供者联系起来，包括初级保健、专科、住院、急诊后服务提供及门诊服务提供。

再次，健康信息技术（health information technology）的功能应能够支撑医疗服务的协调和疾病管理，并协助监督、分析和报告质量及费用数据，以追踪跨医疗服务提供者的患者，改善人群健康。

最后，应建立与多个付款人之间协商、管理多种类型协议（如共享结余和捆绑支付等方面的安排）的制度。

要支撑 ACO 的正常运行，需要在前期投入大量人力、物力、资金，建立衔接不同机构的电子信息系统和协调各机构的职能部门，重新组织医疗流程和服务项目，对医疗机构的运营能力提出了较大挑战。因此，基层医疗卫生机构在 ACO 建立和完善方面发挥作用有限，可能形成以大医院为中心的分配格局。有必要加强基层医疗卫生机构的信息基础设施建设和管理人员建设，提升基层管理协调能力，以促进以基层及全科医生为核心的整合型医疗卫生服务组织。

本章参考文献

[1] Srivastava D，Mueller M，Hewlett E. Better ways to pay for health care[R]. Paris：OECD Health

Policy Studies, 2016.

[2] Delbanco S F, Murray R, Berenson R A, et al. Payment methods and benefit designs: how they work and how they work together to improve health care[R]. Washington, D.C.: Urban Institute, 2016.

[3] Cromwell J, Trisolini M G, Pope G C, et al. Pay for Performance in Health Care: Methods and Approaches[M]. Research Triangle Park: RTI Press, 2011.

[4] OECD, World Health Organization. Paying for Performance in Health Care Implications for Health System Performance and Accountability: Implications for Health System Performance and Accountability[M]. Paris: OECD Publishing, 2014.

[5] Boyle S. United Kingdom (England): health system review[J]. Health Systems in Transition, 2011, 13 (1): 1-483.

[6] 谢春艳, 何江江, 胡善联. 英国初级卫生保健质量与结果框架解析[J]. 中国医院管理, 2015, 35 (7): 78-80.

[7] NHS England. Quality and Outcomes Framework (QOF) -2014-15[EB/OL]. https://digital.nhs.uk/data-and-information/publications/statistical/quality-and-outcomes-framework-achievement-prevalence-and-exceptions-data/quality-and-outcomes-framework-qof-2014-15[2021-10-15].

[8] OECD. Health at a Glance 2015: OECD Indicators[R]. Paris: OECD Publishing, 2015.

[9] Brooks J A. Understanding hospital value-based purchasing[J]. American Journal of Nursing, 2016, 116 (5): 63-66.

[10] Centers for Medicare & Medicaid Services. Bundled payments for care improvement (BPCI) initiative: general information[EB/OL]. https://innovation.cms.gov/innovation-models/bundled-payments[2021-10-20].

[11] Centers for Medicare & Medicaid Services. Linking quality to payment: hospital value-based purchasing program[EB/OL]. https://data.cms.gov/provider-data/topics/hospitals/linking-quality-to-payment/#hospital-value-based-purchasing-program[2021-10-20].

[12] 茅雯辉, 陈文. 捆绑支付及其对我国医疗支付方式改革的启示[J]. 中国卫生资源, 2016, 19 (6): 528-532.

[13] Shoemaker P. What value-based purchasing means to your hospital[J]. Healthcare Financial Management, 2011, 65 (8): 60-68.

[14] Raso R. Value-based purchasing: what's the score? Reward or penalty, step up to the plate[J]. Nursing Management, 2013, 44 (5): 28-34.

[15] 张祖涵, 陈俊伶, 张前, 等. 美国 MS-DRG 中基于价值支付项目介绍及其启示[J]. 中华医院管理杂志, 2020, (1): 81-85.

[16] Centers for Medicare & Medicaid Services. National provider call: hospital value-based purchasing[R]. Baltimore: Centers for Medicare & Medicaid Services, 2012.

[17] Stacy K M. Hospital value-based purchasing: part 2, implications[J]. AACN Advanced Critical Care, 2017, 28 (1): 16-20.

[18] Norton E C, Li J, Das A, et al. Moneyball in medicare[J]. Journal of Health Economics, 2018, 61: 259-273.

[19] Chee T T, Ryan A M, Wasfy J H, et al. Current state of value-based purchasing programs[J]. Circulation, 2016, 133（22）: 2197-2205.

[20] Ryan A M, Burgess J F, Pesko M F, et al. The early effects of Medicare's mandatory hospital pay-for-performance program[J]. Health Services Research, 2015, 50: 81-97.

[21] Figueroa J F, Tsugawa Y, Zheng J, et al. Association between the value-based purchasing pay for performance program and patient mortality in US hospitals: observational study[J]. BMJ, 2016, 353: i2214.

[22] Ryan A M. Effects of the premier hospital quality incentive demonstration on medicare patient mortality and cost[J]. Health Services Research, 2009, 44: 821-842.

[23] Amelung V, Stein V, Suter E, et al. Handbook Integrated Care[M]. 2nd ed. Cham: Springer, 2021.

[24] Hines K, Mouchtouris N, Getz C, et al. Bundled payment models in spine surgery[J]. Global Spine Journal, 2021, 11（1_suppl）: 7S-13S.

[25] Kroneman M, Boerma W, Berg M V D, et al. Netherlands: health system review[J]. Health Systems in Transition, 2016, 18（2）: 1-240.

[26] 叶婷, 贺睿博, 张研, 等. 荷兰捆绑支付实践及对我国卫生服务整合的启示[J]. 中国卫生经济, 2016, 35（10）: 94-96.

[27] 张淑娥, 孙涛. 荷兰医改及对我国构建整合型健康服务体系的启示[J]. 中国卫生政策研究, 2019, 12（8）: 15-22.

[28] Struijs J N, Baan C A. Integrating care through bundled payments--lessons from the Netherlands[J]. The New England Journal of Medicine, 2011, 364（11）: 990-991.

[29] Busse R, Stahl J. Integrated care experiences and outcomes in Germany, the Netherlands, and England[J]. Health Affairs（Project Hope）, 2014, 33（9）: 1549-1558.

[30] Centers for Medicare and Medicaid Services. Bundled payments for care improvement initiative（BPCI）[EB/OL]. https://www.cms.gov/newsroom/fact-sheets/bundled-payments-care-improvement-initiative-bpci[2018-08-18].

[31] Centers for Medicare and Medicaid Services. FQHC advanced primary care practice demonstration[EB/OL]. https://innovation.cms.gov/initiatives/FQHCs/[2021-05-30].

[32] Jackson G L, Powers B J, Chatterjee R, et al. The patient-centered medical home: a systematic review[J]. Annals of Internal Medicine, 2013, 158（3）: 169-178.

[33] Centers for Medicare and Medicaid Services. BPCI Advanced[EB/OL]. https://www.cms.gov/priorities/innovation/innovation-models/bpci-advanced[2019-01-20].

[34] World Health Organization. Framework on integrated, people-centered health services[R]. Geneva: World Health Organization, 2016.

[35] Valentijn P P, Schepman S M, Opheij W, et al. Understanding integrated care: a comprehensive conceptual framework based on the integrative functions of primary care[J]. International Journal of Integrated Care, 2013, 13: e010.

[36] Kronenfeld J, Parmet W, Zezza M A. Debates on U.S. Health Care[M]. Thousand Oaks: SAGE Publications, 2012.

[37] 柏杨, 祝贺, 马晓晨, 等. 美国卫生体系整合模式探索及其对我国的启示[J]. 中国卫生政

策研究，2020，13（2）：46-52.

[38] 陈曼莉，苏波，王慧，等. 美国责任医疗组织的制度设计与启示[J]. 中国卫生经济，2015，34（3）：94-96.

[39] Centers for Medicare and Medicaid Services. Shared Savings Program[EB/OL]. https://www.cms.gov/medicare/payment/fee-for-service-providers/shared-savings-program-ssp-acos[2020-02-28].

[40] Centers for Medicare & Medicaid Services. Program Data[EB/OL]. https://www.cms.gov/Medicare/Medicare-Fee-for-Service-Payment/sharedsavingsprogram/program- data[2024-02-28].

[41] Verma S. 2019 medicare shared savings program ACO performance：lower costs and promising results under "pathways tosuccess" [EB/OL]. https://www.healthaffairs.org/do/10.1377/hblog20200914.598838/full/[2020-09-14].

第四章 医疗保险协议管理

第一节 协议管理的理论

一、协议管理的定义

合同（contract）又称协议、契约，是购买者和服务提供者之间达成协议过程的书面形式[1]。新制度经济学认为，契约可以理解为在地位平等、意志自由的前提下，交易双方就某些相互义务达成的协议[2]。医疗保险服务协议也称医疗保险服务合同，是指医疗保险机构与医药机构双方所订立的保险契约。医疗保险管理部门作为战略性购买者，通过协商谈判的方式协调与医药服务供方之间的利益关系，明确双方的权利和义务，签订服务协议并按照协议约定的条款履行，是处理双方关系，尤其是考核定点医疗服务质量和结算医疗保险费用的重要依据，签订履行协议的过程称为协议管理[3-4]。在我国医疗保险实践中，医疗保险协议管理的对象主要是为参保者提供服务的定点医疗机构和零售药店，俗称"两定管理"。有些情况下，医疗保险管理部门会与药品、医疗耗材、医疗器械的生产厂商进行谈判协商，就医保报销目录准入及支付价格达成协议。因此，广义的协议管理还包括医疗保险机构与药品、耗材、器械生产企业之间的协议管理。

二、协议管理的作用

协议管理是医疗保险管理服务的基础，是实现战略性购买的工具。医疗保险机构与医药服务机构都有着为人民健康服务的共同目标[5]。医疗保险经办机构作为参保人利益的代表，向医药服务机构购买医疗服务，支付医疗费用。由于医疗服务市场天然存在着信息不对称，医药机构是市场上拥有信息优势的一方，存在着专业技术的垄断性，在追求利润最大化经济目标的情况下，医药机构难免会利用垄断优势产生诱导需求等不合理医疗行为和为获得更高利润而收取较高的价格，导致医疗费用的不合理增长和医疗资源的浪费，这既影响参保人的切身利益，也对医保基金平衡带来巨大挑战。因此，医疗保险经办机构通过协议管理，代表参保人与医药机构约定提供服务的人群、范围、内容、支付方式、服务质量、费用控制等并监督协议的履行，从而确保医疗保险第三方支付制度发挥其经济激励作用，规范医疗服务行为，保障参保人获得服务的质量并保持医保基金的可持续性。良性的协议管理有助于实现参保者获得合理有效治疗和良好的健康结果、医药机构获得合理激励与补偿、医保基金可持续发展的三方共赢目标。

医疗保险协议管理是医疗保险管理从行政管理走向社会治理的体现。我国自城镇职工基本医疗保险建立之初就重视对定点医疗机构的管理。原劳动和社会保障部、原卫生部、国家中医药管理局制定的《城镇职工基本医疗保险定点医疗机构管理暂行办法》规定定点医疗机构"经统筹地区劳动保障行政部门审查，并经社会保险经办机构确定"，医保机构可以先确定定点医疗机构和定点药店，再签订合同，即以行政手段确定定点医疗机构，忽视签订协议的过程，定点机构协议履行过程中更多是由经办机构基于行政权力的单方面确定和审查，形成医疗保险运行中"强行政、弱合同"的局面，不利于医保和医疗机构之间的合作，也限制了医疗机构治理能力的发展[6]。

2011 年《中华人民共和国社会保险法》施行，第三十一条提出"社会保险经办机构根据管理服务的需要，可以与医疗机构、药品经营单位签订服务协议，规范医疗服务行为"。在向社会治理转变的大背景下，医疗保险管理领域的协议管理被赋予了新的内涵[6]。2014 年修订后的《基本医疗保险定点医疗机构医疗服务协议范本（试行）》下发，结合医改工作和医保发展的要求在协议中增加了多项新的协议管理内容。2015 年《人力资源社会保障部关于完善基本医疗保险定点医药机构协议管理的指导意见》（人社部发〔2015〕98 号）下发，按照《国务院关于第一批取消 62 项中央指定地方实施行政审批事项的决定》（国发〔2015〕57 号）文件要求，全面取消社会保险行政部门实施的两定资格审查项目。两定资格审查取消，医疗保险协议管理的作用进一步凸显，将在规范医疗服务行为、强化管理、确保制度稳健运行和基金使用效率方面发挥不可替代的重要作用[7]。

国家医疗保障局成立以后，为加强和规范医疗机构医疗保障定点管理，提高医疗保障基金使用效率，更好地保障广大参保人员权益，2020 年 12 月发布《医疗机构医疗保障定点管理暂行办法》（国家医疗保障局令第 2 号），明确由医疗保障行政部门负责制定医疗机构定点管理政策，由医疗保障经办机构与定点医疗机构签订医疗保障服务协议，开展医保协议管理、考核。

三、协议管理的性质

医疗保险协议管理具有以下几方面的性质[8]。

（一）医疗保险服务协议具有法律效力

法律关系的主体是医疗保险经办机构与医药机构；客体是指协议双方权利和义务所共同指向的对象，即服务人群、服务范围、服务内容、服务质量、医疗费用或药费结算办法、医疗费用支付标准及医疗费用或药费审核与控制等内容。协议双方就上述内容达成合意，通过明确双方的权利和义务、责任产生、法律效力，基本医疗保险服务协议成为约束协议双方的行为规则。

（二）医疗保险服务协议管理的主体具有平等性

医疗保险经办机构在从事经办业务时，是法律法规授权的行政主体。当医保经办机构与医药机构签订协议时，医保经办机构代表参保人员向医药服务供方发起邀约，并通过各项政策明确受邀者的基本条件；所有医药机构都有是否应答邀约的自由，如有意愿接受邀约，需向经办机构提出自愿申请。协议的签订过程建立在双方平等沟通、协商谈判的基础上，主体具有一定的平等性。

（三）医疗保险服务协议具有契约性

从协议的本质看，不同于行为命令、行政处罚等高权行为、单方行为，基本医疗保险服务协议是医疗保险经办机构与定点医疗机构、定点零售药店之间自愿协商，合意成立并按约履行的双务行为，具有典型的契约性。尽管协议中也有社会保险经办机构以行政主体身份进行的监督、检查、评级乃至处罚等单方面行为，但是，该类行为只在定点医药机构违法违规行为触及基本医疗保险给付目的实现的底线时才使用。

（四）医疗保险服务协议具有目的公益性

从协议实现的目的看，基本医疗保险服务协议是以为参保人提供基本医疗保障这一公共利益为追求目的，实现的是基本医疗保险待遇给付的行政任务和目的，基本医疗保险服务协议则是社会保险经办机构通过私法合同的手段来实现公法给付的目的。

四、协议的内容设计

为履行战略性购买职能，医疗保险的服务购买合同一般需要明确以下内容：购买者和提供者，购买和提供的服务的范围和数量、支付方式和金额、质量要求和监管、信息披露、争议解决等。案例 4-1 展示了协议的主要内容设计。

案例 4-1　协议的内容设计[9]

- 协议框架
    - 目标、协议双方、各方关系、仲裁组织、委员会
- 合约结构
    - 协议类型（如市场准入型协议、过程型协议）
    - 产出定义及要求
    - 时间
    - 子合同（按科室、患者群等）
- 支付方式
    - 激励措施、惩罚措施、风险分担
- 细节（服务规范化程度、质量等）
- 监督、检验和确认的方法

五、协议管理的实施条件

（一）实施的先决条件

若医疗保险方要对卫生服务市场上的供方进行选择并签署购买合同，通常需要符合以下几个先决条件。

第一，购买者在制度、法律、管理上被赋予选择的权利。

第二，购买者具有显著的市场力量，即在供方的收入中占较大比例。

第三，市场上有一定数量的供方，并提供可比较的服务，即可利用市场竞争机制来增进效率。

第四，私立供方在参与竞争前通常需要经过准入和认证。

第五，具有清晰的评价指标、信息系统和问责体系，可以对服务的数量和质量进行有效测量和评估。

（二）成功实施的条件

合同的实施、管理和监督过程是一项合同能否成功的关键，也是在总额预付及其他支付中能否实现既定服务目标的基础，决定着医疗卫生资源能否有效地分配使用。

因此，合同中的条款必须反映服务购买者和提供者的战略目标。若希望合同的实施能实现既定目标，应做到以下几点。

第一，在合同中写明购买者对广泛的健康收益的目标，重点是在具体项目中的健康收益目标。

第二，服务供方清楚地展示他们如何提供目标服务，并理解所提供服务的确切类型和数量。

第三，购买者在签订合同时做出的选择公开透明并非常理性。

第四，合同双方进行实质性的协商和谈判。

第五，购买方拥有适宜的信息系统和管理能力。

第二节　对医疗机构的协议管理

在明确医疗保险协议管理基本内涵的基础上，本节就医疗保险经办机构对医疗机构的协议管理中的协议内容、谈判协商、医疗服务监管、绩效考核等级评定等重点内容进行阐述。

一、协议内容

为使医疗保险机构能代表参保人利益有效发挥战略性购买者的功能，建立医疗保险对医疗服务的激励约束机制，促进定点医疗机构规范服务行为、控制医疗费用快速增长，需要将协议管理的内容在协议文本中予以明确。一般而言，医疗保险经办机构每年与医疗机构签订一次协议，协议的主要内容包括：总则、就医管理、目录管理、医疗费用结算、信息系统管理、监督管理与违约责任、争议处理等。

总则中，重点对以下内容进行规定：①界定医疗服务机构的服务对象为城镇职工基本医疗保险、城乡居民基本医疗保险和异地就医的参保人员；提供服务的范围为门诊、住院、门诊特殊病、家庭病床等医疗服务。②明确了双方应该履行的义务：医疗保险经办机构应通报基本医疗保险政策法规和管理制度、操作流程的变化情况，完善付费方式及结算办法，及时向医疗机构拨付由医疗保险基金支付的医疗费用，组织培训；医疗机构的义务是建立健全医疗保险管理服务部门，配备专职医保管理人员，为参保人员提供合理的医疗服务并控制医疗费用的不合理增长，向医疗保险经办机构即时传输就医、结算等相关数据。③明确双方在政策宣传和咨询中的责任。④医疗保险经办机构对医疗机构进行年度考核，实行分级评价与分级管理。⑤医疗保险经办机构对医疗机构的医疗服务行为和医疗费用进行实时监控和不定期监督检查，医疗机构应配合提供相关资料。

就医管理主要是在参保人就医时，医疗机构应履行的工作责任，包括：医疗机构应该严格审核参保人信息；为参保人建立病历，保存患者诊疗信息备查，并与上传信息一致；制定诊疗指南，严格出入院收治标准，健全转诊制度；为参保人提供合理的医疗服务和费用结算；医疗机构对参保人员的医疗服务情况纳入监管和考核范围。

药品和诊疗项目管理主要是规定医疗机构应严格执行本省、市制定的基本医疗保险药品目录、诊疗项目、医疗服务设施范围和支付标准，超出目录或标准范围的费用不予支付；并对医疗机构药品使用、检查化验有效率等提出具体的规范性要求。

医疗费用结算是协议中的重点内容，为双方对医疗保险费用支付方式的约定，具体包括：①医疗保险经办机构对医疗机构总额控制的额度；②在总额控制的基础上，医疗保险经办机构对医疗机构提供的不同类别服务实施按病种付费、按人头付费、按定额付费、按项目付费、总额付费等方式的具体支付标准和额度；③年底清算时的结超分担原则及双方分担的比例；④质量保证金、周转金的安排、第三方患者满意度调查等事项。

信息系统管理主要是明确医疗机构应指定部门及专人负责医疗保险信息管理，确保医疗机构信息系统与医疗保险信息系统及时、有效对接，保证参保人员就医信息准确、安全地传输。

违约责任是对医疗保险经办机构和医疗机构的主要违约行为及其处理方式的说明。对于医疗保险经办机构未履行协议的行为，医疗机构可以要求经办机构纠正或整改。对于医疗机构发生的未按协议要求执行但未造成医疗保险基金损失的行为，经办机构可对医疗机构做出约谈、限期整改等处理；对于医疗机构发生违反协议行为，造成基金费用支出增加的，经办机构可以做出拒付费用等处理；如果医疗机构违反协议行为情节严重，造成较大社会影响，经办机构可以对其通报批评、暂停结算。

2014 年人力资源和社会保障部社会保险事业管理中心对之前劳动和社会保障部《关于印发城镇职工基本医疗保险定点医疗机构和定点零售药店服务协议文

本的通知》（劳社部函〔2000〕3 号）进行了修订，下发了《关于印发基本医疗保险定点医疗机构医疗服务协议范本（试行）的通知》（人社险中心函〔2014〕112号），为国内各省市完善医疗保险管理协议提供了统一规范的参考范本，除完善原有内容外，结合医改中的新政策、新变化，增加了分级管理、监控检查、预算管理、总额控制、付费方式、即时结算、异地就医、药品供应和使用、编码管理、购销存台账、特殊检查、违约责任、就医凭证、门诊特殊病、植入器械使用、信息管理要求等多项具体内容，并将开展医保医师管理、智能监控等作为选择性协议管理内容。各统筹地区在起草医疗保险服务协议时，还可因地制宜地结合各自医疗保险支付方式改革和医疗机构改革情况，通过补充协议、附加协议的方式将根据政策和运行情况适时调整的内容增加进去。

二、谈判协商

（一）谈判协商的意义

谈判是指有关各方为了自身的目的，在一项涉及各方利益的事务中进行磋商，并通过调整各自提出的条件，最终达成一项各方较为满意的协议这样一个不断协调的过程。医疗保险中的谈判协商，是医疗保险经办机构与医疗机构为了签订医疗服务的购买与提供协议而进行的沟通和协商，可以将谈判协商视为达成医疗保险服务协议的方式。我国 2009 年新医改方案《中共中央　国务院关于深化医药卫生体制改革的意见》中明确提出："积极探索建立医疗保险经办机构与医疗机构、药品供应商的谈判机制，发挥医疗保障对医疗服务和药品费用的制约作用。"随着医疗保险制度的不断发展，医疗保险经办机构作为战略性购买者功能不断增强，将越来越多地通过与医疗服务供方积极谈判协商为参保患者购买质优价廉的医疗服务。

协商谈判体现了医疗保险的"治理"理念。从公共管理学角度而言，协商谈判利用公平的程序让各方利益充分表达，确保决策的正当性与合法性，经过公平程序达成协议。医疗保险经办机构作为购买者，期望以尽可能低的价格购买高质量的服务；而同时医疗保险的支付水平应给予医疗机构合理的发展空间，促进其良性发展。营造合作谈判的良好氛围，双方开展平等对话，使医疗保险经办机构能够从协商谈判中了解医疗机构的自身特点和发展诉求，医疗机构通过协商谈判能对医保支付做出合理的预期，最后达成的协议是双方都能够接受并愿意遵照执行的准则。相较于行政式的管理，医疗保险经办机构通过谈判协商实现的协议管理是用富有弹性的手段代替了以命令强制为特征的行政高权性行为，有利于协议的执行和监督。

（二）谈判协商机制设计要点

（1）建立一支谈判专家队伍。由于医疗服务信息具有不对称性，医保工作具有专业性，医疗保险经办机构需要建立一支熟悉医药卫生专业知识、熟悉医保和医院管理工作的"谈判专家"队伍，使谈判结果兼顾费用控制和服务质量[4]。

（2）谈判协商过程应该规范化、制度化。医疗保险谈判机制的基本框架包括谈判主体、谈判程序、谈判规则、谈判内容的确定等。谈判规则中要引入经济学的方法，用数据说话；谈判程序要符合管理体制的权责层级，应引入公开透明机制，并将医保服务协议草案在一定范围内公开征求意见[5]。

（3）多部门参与，建立科学的契约化管理机制和体系。可以组建由财政、医保、卫生等部门联合组成的监督和管理领导小组，协调各部门的利益和行为，形成管理合力，共同促进医疗保险服务协议的落实。

三、医疗服务监管

谈判协商及协议内容的确定，是协议执行的前提，而协议执行的情况将直接影响质量和费用控制的结果。尤其是在医疗保险支付方式逐步由后付制转向预付制的背景下，医疗保险经办机构对医疗机构的服务监管不再是在服务完成之后审核病案和结算单价，而应该转向对服务过程和结果的监测与管理。医疗保险应建立起一支强大的、专业化的监管队伍，借助信息化手段，强化对医疗服务的履约监管，从而确保协议的达成。

为指导各地医疗保险的服务监管工作，人力资源和社会保障部于2014年8月印发了《关于进一步加强基本医疗保险医疗服务监管的意见》，要求强化医疗保险医疗服务监管，将监管对象延伸到医务人员；优化信息化监控手段，建立医疗保险费用监控预警和数据分析平台；明确医疗保险基金监管职责，充分发挥各方面的监督作用；分类处理监管发现的问题，妥善解决争议；加强配合，协同做好工作。

为实现有效的医疗服务监管，医疗保险经办机构应在以下几方面重点加强。

第一，完善医保信息系统建设，加强数据分析，强化重点信息监控。医疗保险的精细化管理有赖于全面、精准的信息支撑，因此，需建立健全医疗保险信息库特别是药品库、门诊大病疾病库、医务人员数据库等，做好信息代码标准化，加强医疗保险管理信息系统与定点医疗机构的联网，使定点医疗机构诊疗和用药原始数据实时上传，确保数据的真实性和完整性。医保经办机构应安排专业人员加强对日常医保数据的分析，重点分析参保人员就诊人数，医疗总费用和增长率，药品处方情况，医用耗材和检查总费用、增长率及占医疗费用比例等重点指标。加强对医务人员和医疗机构上述指标的分析和监控，出现费用和使用数量异常情况的需要重点检查。同时，基于医保信息系统的分析结果也能为选择医保支付方式、制定合理的医保支付标准提供信息。

第二，逐步引入医保智能审核。医保智能审核系统通过建立诊疗规则、用药规则、医保政策和支付规则等知识库，基于对医院信息系统和医保结算系统相连接形成的大数据进行分析，以实现对医疗服务行为的智能化监控。医保智能审核将过去只能依靠专业人员事后审查的关口，提前到服务过程中；将只能人工抽查少数高费用案例的审核转变为全覆盖式的审核，从而提高了医疗服务审核的效能，实现了有效的监控和预警。

第三，强化医疗服务质量考核。过去，在按服务项目付费的情况下，医疗保险经办机构的重点是对医疗费用的事后审核，对医疗服务质量的关注较少。随着支付方式向预付制转变，应更加关注对医疗服务质量的考核，防止医疗机构为获取医保支付金额的结余而减少对参保人员的合理服务，影响服务质量。可以结合所实施的医保支付方式，选取有代表性的医疗服务质量考核指标，聘请专家基于病案对医院进行质量考核评分。从医保总支付金额中，划出一定比例，根据质量考核结果进行按绩效付费，从而强化医保经办机构对质量的监管。

四、绩效考核等级评定

医疗保险经办机构对医疗机构的绩效考核等级评定，是对定点医疗机构遵守医疗保险政策法规和履行医疗保险服务协议的情况实施考核，在此基础上依据相关标准和考核结果，将定点医疗机构分别确定为不同的信用等级，并实行分级管理。

通常，对医疗机构进行考核的维度包括：社会保险医疗服务基础管理情况、为参保人提供医疗服务情况、信息系统建设及管理情况和医疗费用控制情况。其中，为参保人提供医疗服务情况所占比重最大。考核的结果将医疗机构分为不同等级并进行公布，评定等级优秀的医疗机构可以获得周转金支付、较高的结超分担比例等优惠政策，考核不合格的机构需暂停或不续签医疗保险服务协议，通过奖优罚劣和退出机制，对医疗机构产生合理的激励和约束。

医疗保障部门对医疗机构履约情况的考核及分级管理，目的在于保障医疗机构具有对参保人提供服务的资质，并通过绩效考核的激励约束机制引导医疗服务供方的行为，以实现较好的服务质量和费用控制，从而最终保障参保人的健康权益。在前述"医疗服务监管"部分提到的强化医疗服务质量考核，可以与具体的支付方式相结合，实行在某种支付方式中嵌套的按质量（绩效）付费；也可以放在此处对医疗机构的综合考评中，作为"为参保人提供医疗服务情况"维度的重要方面。

本章参考文献

[1] Langenbrunner J C, Cashin C, O'Dougherty S. Designing and Implementing Health Care Provider Payment Systems：How-To Manuals[R]. Washington，D.C.：The World Bank，2009.

[2] 菲吕博顿 E G，瑞切特 R. 新制度经济学[M]. 孙经纬译. 上海：上海财经大学出版社，1998.

[3] 周尚成，方鹏骞. 医疗保险谈判机制理论基础及政策设计[J]. 湖北医药学院学报，2016，35（1）：62-69.

[4] 贺小林. 医保协商谈判和协议管理的政策机制研究[J]. 中国医疗保险，2016，（8）：16-19.

[5] 熊先军. 谈取消定点资格审批后的两定管理[N]. 中国劳动保障报，2015-11-17（4）.

[6] 黄华波. 创新协议管理内涵[J]. 中国社会保障，2016，（4）：71-73.

[7] 王东进. "两定"不可废 协议须完善[J]. 中国医疗保险，2013，（11）：5-6.

[8] 杨华. 基本医疗保险服务协议的法律性质探讨[J]. 中国卫生法制，2013，21（3）：19-22，51.

[9] 陈文，刘国祥，江启成，等. 卫生经济学[M]. 4 版. 北京：人民卫生出版社，2017.

实　践　篇

第五章　我国医疗保险支付制度的改革思路

第一节　医疗保险支付制度改革的动因

医疗保障是减轻群众就医负担、增进民生福祉、维护社会和谐稳定的重大制度安排。我国医疗保险制度经过 20 多年的改革发展，制度体系不断完善。尤其是 2009 年启动新一轮医改和 2018 年国家医疗保障局（简称国家医保局）成立后，我国基本医疗保险制度建设取得了举世瞩目的巨大成就，建立了世界上规模最大的基本医疗保障网，全国基本医疗保险参保人数超过 13.6 亿，覆盖面稳定在 95%以上[1]。

在全民医保的背景下，医疗保险作为全体参保人的利益代表，成为医疗服务购买及医疗费用控制的关键角色，能够基于其日益强大的购买力，战略性地运用支付机制，发挥约束和激励作用，引导服务供方的体系变革和服务结果的改变，从而改善卫生系统的整体绩效。目前，对我国医疗保障制度的战略性购买者定位已达成共识，然而战略性购买的功能尚未充分发挥，在卫生资源配置和医药服务提供中的基础性、引导性作用尚不明显，有必要对支付制度进行改革，改革动因主要如下。

一、医疗卫生费用持续快速增长，医疗保险基金面临较大压力

从总量上看，2000 年至 2019 年，我国卫生总费用从 4586.63 亿元增至 65 841.39 亿元，扣除价格因素后的年均增长率为 12.45%；人均卫生费用从 361.88 元增加到 4702.79 元，年均增长率为 10.24%，如表 5-1 所示。卫生总费用占 GDP 比重逐年升高，2019 年为 6.67%。卫生总费用五年年均增长率先由 2000 年的 14.25%缓慢降低至 2007 年的 11.91%，而后上升至 2012 年的 15.64%，最后降至 2019 年的

11.05%（图 5-1）。与此同时，我国 GDP 五年年均增长率先升后降，由 2000 年的 8.38%逐年攀升，至 2008 年 14.29%最高点后波动下降，2019 年的 GDP 年均增长率为 6.78%。在 2000~2019 年，除 2006~2008 年以外，GDP 年均增长率始终低于卫生总费用年均增长率。

表 5-1　2000~2019 年中国卫生费用变化趋势

项目	2000 年	2005 年	2010 年	2015 年	2019 年	年均增长率
卫生总费用/亿元	4 586.63	8 659.91	19 980.39	40 974.64	65 841.39	12.45%
人均卫生费用/元	361.88	662.30	1 490.06	2 980.80	4 702.79	10.24%
卫生总费用占 GDP 比重	4.57%	4.62%	4.84%	5.95%	6.67%	—

注：卫生总费用与人均卫生费用的年均增长率以消除货币价格因素后的实际价格计算

图 5-1　2000~2019 年中国 GDP 和卫生总费用年均增长率

从结构上看，2000 年至 2019 年，政府卫生支出和社会卫生支出在卫生总费用中所占比重不断提升，尤其是 2009 年新医改之后，二者的占比明显增加（图 5-2）。社会卫生支出的主体是基本医疗保险支出，2019 年其占卫生总费用的比重达 44%。这也意味着我国的医疗卫生费用主要由医疗保险来承担，医疗保险基金面临着费用持续增长的严峻挑战。

二、医疗保险基金支出增速高于收入增速，结余率逐渐降低，提升基金支付效率成为着力点

2012 年至 2020 年，我国城镇职工基本医疗保险基金收支情况如表 5-2 所示。

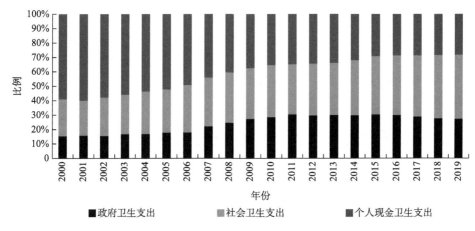

图 5-2 2000~2019 年卫生总费用的筹资来源构成

除 2020 年基金收入与当年基金结余稍有回落外，基金收入、基金支出及当年基金结余均逐年增长，年均增长率分别达到 10.30%、10.56% 和 9.23%。2012 年至 2020年间，城镇职工基本医疗保险基金收入从 6061.9 亿元增长至 15 732.0 亿元，基金支出由 4868.5 亿元增长至 12 867.0 亿元，当年基金结余则由 1193.4 亿元升至 2865.0亿元。2012~2020 年，当年基金结余率相对稳定，总体围绕 19% 上下波动。

表 5-2 2012~2020 年城镇职工基本医疗保险基金收支情况

年份	基金收入/亿元	基金支出/亿元	当年基金结余/亿元	当年基金结余率
2012	6 061.9	4 868.5	1 193.4	19.69%
2013	7 061.6	5 829.9	1 231.7	17.44%
2014	8 037.9	6 696.6	1 341.3	16.69%
2015	9 083.5	7 531.5	1 552.0	17.09%
2016	10 273.7	8 286.7	1 987.0	19.34%
2017	12 278.3	9 466.9	2 811.4	22.90%
2018	13 537.8	10 706.6	2 831.2	20.91%
2019	15 845.4	12 663.2	3 182.2	20.08%
2020	15 732.0	12 867.0	2 865.0	18.21%
年均增长率	10.30%	10.56%	9.23%	—

注：年均增长率以消除货币价格因素后的实际金额计算

2012 年至 2020 年，我国城乡居民基本医疗保险基金收支情况如表 5-3 所示，城乡居民基本医疗保险基金池规模小于城镇职工基本医疗保险。城乡居民基本医疗保险基金收入、基金支出和当年基金结余在 2012~2020 年总体呈上升趋势，分别由 3361.5 亿元提高至 9115.0 亿元，3083.1 亿元提高至 8165.0 亿元，278.4 亿元提高至 950.0 亿元，三者消除货币价格因素后的年均增长率分别为 10.91%、10.58%和 14.14%。各年城乡居民基本医疗保险基金的当年基金结余率浮动较大，2019 年当年基金结余率最低，仅有 4.48%；2015 年当年基金结余率最高，达到 12.64%。

表 5-3　2012~2020 年城乡居民基本医疗保险基金收支情况

年份	基金收入/亿元	基金支出/亿元	当年基金结余/亿元	当年基金结余率
2012	3361.5	3083.1	278.4	8.28%
2013	4159.1	3880.3	278.8	6.70%
2014	4674.6	4327.4	347.2	7.43%
2015	5396.0	4714.0	682.0	12.64%
2016	4348.7	3844.0	504.6	11.60%
2017	6469.8	5708.9	760.9	11.76%
2018	7846.4	7115.9	730.5	9.31%
2019	8575.5	8191.0	384.5	4.48%
2020	9115.0	8165.0	950.0	10.42%
年均增长率	10.91%	10.58%	14.14%	—

注：①年均增长率以消除货币价格因素后的实际金额计算；②2012~2017 年基金收支数据包括城镇居民基本医疗保险和新型农村合作医疗，2018 年起上述两种保险合并为城乡居民基本医疗保险

　　2012 年至 2020 年，我国基本医疗保险基金的收入、支出和当年结余总体稳步上升，如表 5-4 和图 5-3 所示。2012 年至 2020 年，我国基本医疗保险基金收入从 9423.4 亿元增至 24 847.0 亿元，基金支出从 7951.6 亿元增至 21 032.0 亿元，当年基金结余从 1471.8 亿元增至 3815.0 亿元，三者增幅接近，均提高至 2012 年的 2.6 倍左右。当年基金结余率经历两降两升，2014 年和 2019 年分别位于相对低点 13.28%和 14.61%，2017 年和 2020 年升至 19.05%和 15.35%的相对高点。

表 5-4　2012~2020 年基本医疗保险基金收支情况

年份	基金收入/亿元	基金支出/亿元	当年基金结余/亿元	当年基金结余率
2012	9 423.4	7 951.6	1 471.8	15.62%
2013	11 220.7	9 710.2	1 510.5	13.46%
2014	12 712.5	11 024.0	1 688.5	13.28%
2015	14 479.5	12 245.5	2 234.0	15.43%

续表

年份	基金收入/亿元	基金支出/亿元	当年基金结余/亿元	当年基金结余率
2016	14 622.4	12 130.7	2 491.6	17.04%
2017	18 748.1	15 175.8	3 572.3	19.05%
2018	21 384.2	17 822.5	3 561.7	16.66%
2019	24 420.9	20 854.2	3 566.7	14.61%
2020	24 847.0	21 032.0	3 815.0	15.35%
年均增长率	10.52%	10.57%	10.29%	—

注：①年均增长率以消除货币价格因素后的实际金额计算；②2012~2017年基本医疗保险包括城镇职工医疗保险、城镇居民医疗保险和新型农村合作医疗；2018年起，因城镇居民基本医疗保险和新型农村合作医疗合并，基本医疗保险包括城镇职工医疗保险和城乡居民基本医疗保险

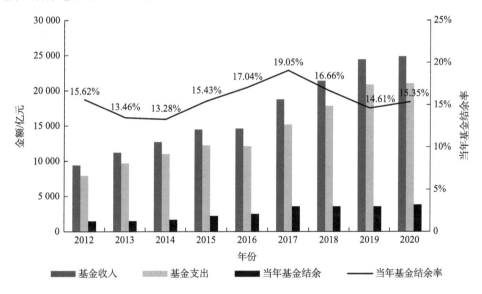

图 5-3　2012~2020 年我国基本医疗保险基金收支情况

三、医疗保障水平不断提高，然而患者经济负担并未明显降低

近年来，我国基本医疗保险筹资水平和保障待遇不断提高，参保者的保障程度不断改善。2020 年，全国职工医疗保险住院报销的政策内支付比例达 85.2%，其中一级及以下、二级、三级医疗机构住院的支付比例分别为 88.7%、86.9%、84.3%；全国城乡居民医疗保险住院报销的政策内支付比例达 70%，其中在一级及以下、二级、三级医疗机构住院的支付比例分别为 79.8%、73.0% 和 65.1%。

但与此同时，患者经济负担并未明显降低。从居民消费支出情况来看，2013年至2020年，我国人均医疗保健消费支出从912元增至1843元，年均增长率达到8.33%，高于人均消费支出4.82%和人均可支配收入6.19%的年均增长率（表5-5）。人均医疗消费支出占总消费支出的比重和人均医疗消费支出占可支配收入的比重在2013~2019年逐年攀升，仅在2020年有所回落。2013~2020年，人均医疗消费支出占总消费支出的比重自6.90%增至8.69%，增加了1.79个百分点；人均医疗消费支出占可支配收入的比重自4.98%增至5.73%，增加了0.75个百分点。

表 5-5　2013~2020 年居民人均医疗保健消费支出

年份	人均医疗保健消费支出/元	人均消费支出/元	人均医疗消费支出占总消费支出比重	人均可支配收入/元	人均医疗消费支出占可支配收入比重
2013	912	13 220	6.90%	18 311	4.98%
2014	1 045	14 491	7.21%	20 167	5.18%
2015	1 165	15 712	7.41%	21 966	5.30%
2016	1 307	17 111	7.64%	23 821	5.49%
2017	1 451	18 322	7.92%	25 974	5.59%
2018	1 685	19 853	8.49%	28 228	5.97%
2019	1 902	21 559	8.82%	30 733	6.19%
2020	1 843	21 210	8.69%	32 189	5.73%
年均增长率	8.33%	4.82%	——	6.19%	——

注：年均增长率以消除货币价格因素后的实际金额计算

从患者自付情况来看，基于第五次和第六次国家卫生服务调查的结果，2018年同2013年相比，虽然我国住院患者住院费用自付比例由46.1%降至44.6%，降低了1.5个百分点，但城市住院患者的住院费用自付比例由41.9%升至42.7%，提高了0.8个百分点（表5-6）。同时，2013年至2018年我国各区域住院患者住院费用平均自付比例大部分高于40%，部分农村地区住院患者住院费用平均自付比例甚至超过50%。

表 5-6　2013 年和 2018 年住院患者住院费用自付比例

年份	合计	城市				农村			
		小计	东部	中部	西部	小计	东部	中部	西部
2013	46.1%	41.9%	38.7%	44.2%	43.3%	52.2%	51.4%	55.0%	49.9%
2018	44.6%	42.7%	42.0%	44.7%	41.9%	47.2%	51.2%	46.5%	44.5%

2018 年数据显示，基本医疗保险可以有效减轻患者经济负担，基本医疗保险参保患者住院费用自付比例显著低于无社会医保患者，如表 5-7 所示。2018 年，参加基本医疗保险的住院患者住院费用自付比例为 40.8%，较无社会医保住院患者低 6.7 个百分点。同时，城镇职工基本医疗保险保障水平高于城乡居民基本医疗保险，城镇职工基本医疗保险参保住院患者仅需自付 32.5%，而城乡居民基本医疗保险参保住院患者需要自付 45.4%。城镇职工基本医疗保险对城市患者的报销水平高于农村患者，城乡居民基本医疗保险对农村患者的报销水平高于城市患者。

表 5-7　2018 年住院患者住院费用自付比例

分类	合计	城市	农村
基本医疗保险	40.8%	39.2%	43.0%
城镇职工基本医疗保险	32.5%	32.0%	36.6%
城乡居民基本医疗保险	45.4%	47.8%	43.6%
无社会医疗保险	47.5%	45.3%	50.3%

四、医疗卫生资源分布不均衡

（一）城乡之间不均衡

在二元化经济体制下，我国医疗卫生资源在城乡间配置不均衡的情况持续存在。2017~2019 年我国城乡间医疗卫生资源配置差异逐年缩小，但仍有较明显的不均衡，如表 5-8 所示。从医疗技术服务人员数量来看，2019 年农村地区每千人口仅拥有医疗技术服务人员 4.96 人、执业（助理）医师 1.96 人、注册护士 1.99人，而城市地区每千人口拥有医疗技术服务人员 11.10 人、执业（助理）医师 4.10人、注册护士 5.22 人，分别是农村地区的 2.24 倍、2.09 倍和 2.62 倍。从床位数分布情况来看，2019 年农村地区每千人口医疗卫生机构床位数仅有 4.81 张，而城市地区为 8.78 张，为农村的 1.83 倍。

表 5-8　2017~2019 年我国每千人口卫生技术人员数及床位数城乡比较

项目		执业（助理）医师/人	注册护士/人	医疗技术服务人员总计/人	床位数/张
2017 年	城市	3.97	5.01	10.87	8.75
	农村	1.68	1.62	4.28	4.19
	城市/农村	2.36	3.09	2.54	2.09
2018 年	城市	4.01	5.08	10.91	8.70

续表

项目		执业（助理）医师/人	注册护士/人	医疗技术服务人员总计/人	床位数/张
2018 年	农村	1.82	1.8	4.63	4.56
	城市/农村	2.20	2.82	2.36	1.91
2019 年	城市	4.10	5.22	11.10	8.78
	农村	1.96	1.99	4.96	4.81
	城市/农村	2.09	2.62	2.24	1.83

（二）区域之间不均衡

近年来，在国家相关政策的支持下，我国医疗卫生资源的区域分布差距逐渐缩小，但西部偏远地区的医疗服务可及性仍有待进一步提高。如表 5-9 所示，从医务人员数量来看，2019 年我国东部、中部和西部地区每千人口卫生技术服务人员数分别为 7.6 人、6.6 人和 7.4 人，每千人口执业（助理）医师数分别为 3.0 人、2.5 人和 2.6 人，每千人口注册护士数分别为 3.3 人、2.9 人和 3.3 人；从床位数分布情况来看，东部、中部和西部地区每千人口医疗卫生机构床位数分别为 5.78 张、6.44 张和 6.84 张。虽然按人口规模的卫生资源的区域分布趋于均衡，但从地理面积水平来看，每平方公里的机构数、医生数和床位数等方面的分布呈现出东部>中部>西部，区域间的卫生服务利用情况差别较为明显。

表 5-9　2017~2019 年我国各地区每千人口医疗资源分布情况比较

项目		执业（助理）医师/人	注册护士/人	卫生技术服务人员总计/人	床位数/张
2017 年	东部	2.7	2.9	6.8	5.37
	中部	2.3	2.5	5.9	5.81
	西部	2.3	2.8	6.5	6.15
2018 年	东部	2.8	3.1	7.2	5.60
	中部	2.4	2.7	6.2	6.17
	西部	2.4	3.0	6.9	6.49
2019 年	东部	3.0	3.3	7.6	5.78
	中部	2.5	2.9	6.6	6.44
	西部	2.6	3.3	7.4	6.84

（三）不同级别医疗卫生机构间分布不合理

我国的医疗卫生资源在不同级别医疗卫生机构间的分布呈"倒三角"的特点。2017~2019 年，卫生资源在不同级别医疗机构间分布不合理的情况未出现明显改善。如表 5-10 所示，根据各级医疗机构的总收入，三级医院的医疗资源占比由 2017 年的 56.67% 上升至 2019 年的 59.47%；二级医院的占比由 2017 年的 24.34% 下降至 2019 年的 21.44%；基层医疗卫生机构的占比维持在 19% 左右，2017~2019 年略有上升。

表 5-10　2017~2019 年我国各级别医疗机构总收入占比

级别	2017 年	2018 年	2019 年
三级医院	56.67%	58.15%	59.47%
二级医院	24.34%	22.84%	21.44%
基层医疗卫生机构	18.99%	19.01%	19.09%

在 2017 年至 2020 年，尽管资金补贴有所增加，一级医院和基层医疗卫生机构的就诊人次占比有所减少（表 5-11）。一级医院和基层医疗卫生机构的就诊人次占比从 2017 年的 60.78% 逐步降至 2019 年的 58.33%，在 2020 年稍有回升，增至 59.34%。三级医院的就诊人次占比从 2017 年的 22.61% 逐步上升到了 2019 年的 25.25%，2020 年有所回落，降至 24.73%。

表 5-11　2017~2020 年我国各级别医疗机构就诊人次占比

级别	2017 年	2018 年	2019 年	2020 年
三级医院	22.61%	23.84%	25.25%	24.73%
二级医院	16.60%	16.49%	16.42%	15.93%
一级医院和基层医疗卫生机构	60.78%	59.66%	58.33%	59.34%

五、医疗卫生资源使用效率不高

现阶段，我国医疗卫生资源使用效率不太高，个别存在浪费现象[2]。这一方面源于医疗服务体系建设中偏重城市大医院建设，忽视基层医疗卫生机构，造成供给不均衡；另一方面源于医院盲目追求利益，大量购进先进仪器设备，盲目扩大医院服务范围和增加床位等，造成了资源利用的低效率和浪费。根据《2022 中国卫生健康统计年鉴》的数据[3]，2009~2019 年我国医疗机构床位数不断增加，各级各类医院总床位数从 2009 年的 312.08 万张上升到 2019 年的 686.65 万张，几乎翻了一番。如表 5-12 所示，虽然医院平均住院日逐年减少至 2019 年的 9.10 天，但仍高于经济合作与发展组织国家的水平（7.3 天）。病床使用率在 2009~2019 年先增长后降低，由 2009 年的 84.7% 上升至 2012 年的 90.1%，又持续下降至 2019 年的 83.6%，甚至不及 2009 年的病床使用率，说明床位数规模过快增长导致使用效率不高。

表 5-12　2009~2019 年我国医疗机构床位数、病床使用率及医院平均住院日

年份	床位数/万张	病床使用率	医院平均住院日/天
2009	312.08	84.7%	—
2010	338.74	86.7%	10.49
2011	370.51	88.5%	10.30
2012	416.15	90.1%	10.01
2013	457.86	89.0%	9.84
2014	496.12	88.0%	9.65
2015	533.06	85.4%	9.60
2016	568.89	85.3%	9.41
2017	612.05	85.0%	9.27
2018	651.97	84.2%	9.30
2019	686.65	83.6%	9.10

第二节　医疗保险支付制度改革历程

自 1998 年建立职工基本医疗保险制度以来，我国各部门所出台的相关政策中对于医疗保险支付制度的规定也在不断更新和细化。对 20 多年来的医药卫生体制改革及医疗保险支付制度的相关政策进行梳理，可分为医疗保险制度建立至新医改前、新医改至国家医保局成立前、国家医保局成立后三个阶段。每个阶段出台的医疗保险支付政策文件各有特点，显示了我国医疗保险支付制度从后付制向预付制、由单一的支付方式向复合式支付方式发展的改革脉络。

一、第一阶段：医疗保险制度建立至新医改前（1998~2008 年）

自 1998 年《国务院关于建立城镇职工基本医疗保险制度的决定》（国发〔1998〕44 号）发布以来，我国各省市逐步开始建设基本医疗保险制度。在医疗保险制度建立至 2009 年本轮新医改前，我国开始探索总额预付、按病种支付，初步提出多种方式结合的结算方式（表 5-13），医保战略性购买的思想开始萌芽。但在该时期内，关于医疗保险支付制度的政策文件相对较少，且多以"结算"表述。根据世界银行支付与市场基础设施委员会（Committee on Payments and Market Infrastructures，CPMI）的定义，支付系付款人向收款人转移可以接受的货币债权的全过程，结算则指根据基础合同的条款履行义务。结算的内涵范围小于支付，词义中所含的主动性、战略性稍弱。

表5-13　1998~2008年我国医疗保险支付制度改革相关政策

文件名	出台部门	时间	相关内容摘录
关于印发加强城镇职工基本医疗保险费用结算管理意见的通知（劳社部发〔1999〕23号）	劳动和社会保障部、财政部、国家经济贸易委员会、卫生部、国家中医药管理局	1999.06.29	基本医疗保险费用的具体结算方式，应根据社会保险经办机构的管理能力以及定点医疗机构的不同类别确定，可采取总额预付结算、服务项目结算、服务单元结算等方式，也可以多种方式结合使用
关于开展按病种收费管理试点工作的通知	卫生部办公厅	2004.08.17	在部分省市（天津市、辽宁省、黑龙江省、山东省、河南省、陕西省、青海省）开展按病种收费管理试点工作
关于开展城镇居民基本医疗保险试点的指导意见（国发〔2007〕20号）	国务院	2007.07.10	明确医疗费用结算办法，按规定与医疗机构及时结算。加强对医疗费用支出的管理，探索建立医疗保险管理服务的奖惩机制。积极推行医疗费用按病种付费、按总额预付等结算方式，探索协议确定医疗费用标准的办法
关于城镇居民基本医疗保险医疗服务管理的意见（劳社部发〔2007〕40号）	劳动和社会保障部、国家发展和改革委员会、财政部、卫生部、国家食品药品监督管理局、国家中医药管理局	2007.10.10	积极探索由医疗保险经办机构与定点医疗机构协商确定医疗服务的付费方式及标准。积极探索按病种付费、按总额预付等结算方式，调动定点医疗机构主动参与管理、降低医疗服务成本的积极性

二、第二阶段：新医改至国家医保局成立前（2009年至2018年5月）

2009年，中共中央、国务院《关于深化医药卫生体制改革的意见》发布，拉开了新一轮医改的帷幕。2009年至2018年国家医保局成立前的十年间，基本医疗保险制度通过医保支付方式激励和约束医疗行为的战略性购买思路初步形成。国家顶层设计强调发展按人头支付、按病种支付、总额预付等支付方式，开始探索按绩效支付，并明确提出了建立总额预算管理下的复合式支付方式。

此阶段，国务院和中央部委层面对医保支付方式改革的关注度显著提高。从发文数量来看，在该时期，国务院、国家发展和改革委员会、卫生部、财政部、人力资源和社会保障部等发布了多篇支付方式改革的重点文件。尤其是2017年国务院办公厅发布的《关于进一步深化基本医疗保险支付方式改革的指导意见》（国办发〔2017〕55号），成为基本医疗保险支付方式改革方面的顶层设计，提出改革的主要内容包括：实行多元复合式医保支付方式；重点推行按病种付费；开展按疾病诊断相关分组付费试点；完善按人头付费、按床日付费等支付方式；强化医保对医疗行为的监管。同时，国务院办公厅发布的多项医改工作重点文件中均对支付方式改革做出了具体指导。具体见表5-14、表5-15、表5-16。

表 5-14　2009 年至 2018 年 5 月医保支付方式改革重点文件

文件名	部门	时间	相关内容摘录
关于深化医药卫生体制改革的意见	中共中央、国务院	2009.03.17	强化医疗保障对医疗服务的监控作用，完善支付制度，积极探索实行按人头付费、按病种付费、总额预付等方式，建立激励与惩戒并重的有效约束机制
关于印发"十二五"期间深化医药卫生体制改革规划暨实施方案的通知（国发〔2012〕11 号）	国务院	2012.03.14	改革完善医保支付制度。加大医保支付方式改革力度，结合疾病临床路径实施，在全国范围内积极推行按病种付费、按人头付费、总额预付等，增强医保对医疗行为的激励约束作用
关于印发卫生事业发展"十二五"规划的通知（国发〔2012〕57 号）	国务院	2012.10.08	全面推进支付方式改革，结合基金收支预算管理和疾病临床路径管理，在全国范围内积极推行按病种付费、按人头付费、总额预付等多种支付方式
"健康中国 2030"规划纲要	中共中央、国务院	2016.10.25	全面推进医保支付方式改革，积极推进按病种付费、按人头付费，积极探索按疾病诊断相关分组付费（DRGs）、按服务绩效付费，形成总额预算管理下的复合式付费方式
关于印发"十三五"深化医药卫生体制改革规划的通知（国发〔2016〕78 号）	国务院	2016.12.27	深化医保支付方式改革。全面推行按病种付费为主，按人头、按床日、总额预付等多种付费方式相结合的复合型付费方式，鼓励实行按疾病诊断相关分组付费（DRGs）方式。对住院医疗服务主要按病种付费、按疾病诊断相关分组付费或按床日付费；对基层医疗服务可按人头付费，积极探索将按人头付费与高血压、糖尿病、血液透析等慢病管理相结合；对一些复杂病例和门诊费用可按项目付费、按人头付费。有条件的地区可将点数法与预算管理、按病种付费等相结合，促进医疗机构之间有序竞争和资源合理配置。到 2017 年，国家选择部分地区开展按疾病诊断相关分组付费试点，鼓励各地积极完善按病种、按人头、按床日等多种付费方式。到 2020 年，医保支付方式改革逐步覆盖所有医疗机构和医疗服务，全国范围内普遍实施适应不同疾病、不同服务特点的多元复合式医保支付方式，按项目付费占比明显下降
关于进一步深化基本医疗保险支付方式改革的指导意见（国办发〔2017〕55 号）	国务院办公厅	2017.06.20	2017 年起，进一步加强医保基金预算管理，全面推行以按病种付费为主的多元复合式医保支付方式。各地要选择一定数量的病种实施按病种付费，国家选择部分地区开展按疾病诊断相关分组（DRGs）付费试点，鼓励各地完善按人头、按床日等多种付费方式。到 2020 年，医保支付方式改革覆盖所有医疗机构及医疗服务，全国范围内普遍实施适应不同疾病、不同服务特点的多元复合式医保支付方式，按项目付费占比明显下降。改革的主要内容包括：实行多元复合式医保支付方式；重点推行按病种付费；开展按疾病诊断相关分组付费试点；完善按人头付费、按床日付费等支付方式；强化医保对医疗行为的监管

续表

文件名	部门	时间	相关内容摘录
关于开展按病种收费方式改革试点有关问题的通知（发改价格〔2011〕674号）	国家发展和改革委员会、卫生部	2011.03.30	规范有序推进按病种收费改革工作。结合各地已开展的病种试点和卫生部关于临床路径管理试点工作等情况，我们遴选了104个病种，供各地开展按病种收费方式改革试点时参考。已经开展按病种收费试点的地区，可结合国家公布的104个病种逐步扩大试点范围；尚未开展按病种收费试点的地区，可在国家公布的104个病种范围内遴选部分病种进行试点
关于进一步推进医疗保险付费方式改革的意见（人社部发〔2011〕63号）	人力资源和社会保障部	2011.05.31	结合基金收支预算管理加强总额控制，探索总额预付。在此基础上，结合门诊统筹的开展探索按人头付费，结合住院门诊大病的保障探索按病种付费。建立和完善医疗保险经办机构与医疗机构的谈判协商机制与风险分担机制，逐步形成与基本医疗保险制度发展相适应，激励与约束并重的支付制度
关于推进新型农村合作医疗支付方式改革工作的指导意见（卫农卫发〔2012〕28号）	卫生部、国家发展和改革委员会、财政部	2012.04.12	在乡（镇）、村两级医疗卫生机构要积极推行以门诊费用总额预付为主的支付方式改革。在实施门诊费用支付方式改革中，也可探索实行按人头付费向乡村（全科）医生购买服务的方式。对于特殊病种大额门诊费用，可探索实行定额包干的支付方式。积极推进按病种付费、按床日付费等住院费用支付方式改革。鼓励各地参照疾病诊断相关组（DRGs）付费，探索完善现行按病种付费的模式，控制诊疗过程中规避按病种付费的行为
关于开展基本医疗保险付费总额控制的意见（人社部发〔2012〕70号）	人力资源和社会保障部、财政部、卫生部	2012.11.14	按照"结合基金收支预算管理加强总额控制，并以此为基础，结合门诊统筹的开展探索按人头付费，结合住院、门诊大病的保障探索按病种付费"的改革方向，用两年左右的时间，在所有统筹地区范围内开展总额控制工作。在开展总额控制的同时，积极推进按人头、按病种等付费方式改革。要因地制宜选择与当地医疗保险和卫生管理现状相匹配的付费方式，不断提高医疗保险付费方式的科学性，提高基金绩效和管理效率

表5-15　2009年至2018年5月国务院医改工作重点文件

文件名	部门	时间	相关内容摘录
关于印发医药卫生体制改革近期重点实施方案（2009—2011年）的通知（国发〔2009〕12号）	国务院	2009.03.18	鼓励地方积极探索建立医保经办机构与医药服务提供方的谈判机制和付费方式改革，合理确定药品、医疗服务和医用材料支付标准，控制成本费用
关于印发医药卫生体制五项重点改革2010年度主要工作安排的通知（国办函〔2010〕67号）	国务院办公厅	2010.04.06	推行按人头付费、按病种付费、总额预付等支付方式。选择50种左右临床路径明确的疾病开展按病种付费试点

文件名	部门	时间	相关内容摘录
关于印发医药卫生体制五项重点改革 2011 年度主要工作安排的通知（国办发〔2011〕8 号）	国务院办公厅	2011.02.13	改革医疗保险支付方式，大力推行按人头付费、按病种付费、总额预付。积极探索建立医保经办机构与医疗机构、药品供应商的谈判机制
关于印发深化医药卫生体制改革 2012 年主要工作安排的通知（国办发〔2012〕20 号）	国务院办公厅	2012.04.14	积极推行按人头付费、按病种付费、按床日付费、总额预付等支付方式改革，逐步覆盖统筹区域内医保定点医疗机构
关于印发深化医药卫生体制改革 2013 年主要工作安排的通知（国办发〔2013〕80 号）	国务院办公厅	2013.07.18	深化医保支付制度改革。结合门诊统筹推行按人头付费，结合门诊大病和住院推行按病种付费等支付方式改革。积极推动建立医保经办机构与医疗机构、药品供应商的谈判机制和购买服务的付费机制
关于印发深化医药卫生体制改革 2014 年重点工作任务的通知（国办发〔2014〕24 号）	国务院办公厅	2014.05.13	改革医保支付制度。总结地方开展医保支付制度改革的经验，完善医保付费总额控制，加快推进支付方式改革，建立健全医保对医疗服务行为的激励约束机制。重点配合试点县（市）和试点城市的公立医院改革完善支付制度改革。积极推动建立医保经办机构与医疗机构、药品供应商的谈判机制和购买服务的付费机制
关于印发深化医药卫生体制改革 2014 年工作总结和 2015 年重点工作任务的通知（国办发〔2015〕34 号）	国务院办公厅	2015.04.26	深化医保支付制度改革。充分发挥基本医保的基础性作用，强化医保基金收支预算。因地制宜选择与当地医疗保险和卫生管理现状相匹配的付费方式，不断提高医疗保险付费方式的科学性，提高基金绩效和管理效率。推行以按病种付费为主，按人头付费、按服务单元付费等复合型付费方式。支付方式改革要覆盖县域内和试点城市区域内所有公立医院，并逐步覆盖所有医疗服务
关于印发深化医药卫生体制改革 2016 年重点工作任务的通知（国办发〔2016〕26 号）	国务院办公厅	2016.04.21	进一步深化医保支付方式改革。制订深化医保支付方式改革的政策措施，加快推进支付方式改革，控制医疗费用不合理增长。推广地方成功经验，系统推进按人头付费、按病种付费、按床日付费、总额预付等多种付费方式相结合的复合支付方式改革
关于印发深化医药卫生体制改革 2017 年重点工作任务的通知（国办发〔2017〕37 号）	国务院办公厅	2017.04.25	全面推进建立以按病种付费为主的多元复合型医保支付方式。国家选择部分地区开展按疾病诊断相关分组（DRGs）付费试点，鼓励其他地方积极探索。指导各地完善按病种、按人头、按床日等多种付费方式。综合医改试点省份要选择 1~2 个地市全面实施医保支付方式改革，覆盖区域内所有医疗机构和所有医疗服务，大幅减少按项目付费的比例

表 5-16 2009 年至 2018 年 5 月与医保支付改革相关文件

文件名	部门	时间	相关内容摘录
关于进一步加强基本医疗保险基金管理的指导意见（人社部发〔2009〕67 号）	人力资源和社会保障部、财政部	2009.07.24	积极探索医疗保险经办机构与医疗机构、药品供应商通过协商谈判，合理确定医药服务的付费方式及标准，发挥医疗保障对医疗服务和药品费用的制约作用。鼓励探索实行按病种付费、总额预付、按人头付费等结算方式，充分调动医疗机构和医生控制医疗服务成本的主动性和积极性
关于建立健全基层医疗卫生机构补偿机制的意见（国办发〔2010〕62 号）	国务院办公厅	2010.12.10	推进医保付费方式改革，探索按人头付费、按病种付费、总额预付等付费方式，引导基层医疗卫生机构主动积极地开展服务，努力提高服务质量，合理控制服务成本
关于印发 2011 年公立医院改革试点工作安排的通知（国办发〔2011〕10 号）	国务院办公厅	2011.02.28	探索多种基本医疗保障付费方式改革，大力推行按人头付费、按病种付费、总额预付等多种支付方式。探索由基本医疗保障经办机构与公立医院通过谈判方式确定服务范围、支付方式、支付标准和服务质量要求
关于全面推开县级公立医院综合改革的实施意见（国办发〔2015〕33 号）	国务院办公厅	2015.04.23	深化医保支付方式改革。充分发挥基本医保的基础性作用，强化医保基金收支预算。2015 年底前，医保支付方式改革要覆盖县域内所有公立医院，覆盖 30% 以上的县级公立医院出院病例数。到 2017 年，全面实行以按病种付费为主，按人头付费、按床日付费等复合型付费方式
关于城市公立医院综合改革试点的指导意见（国办发〔2015〕38 号）	国务院办公厅	2015.05.06	深化医保支付方式改革。充分发挥基本医保的基础性作用，强化医保基金收支预算，建立以按病种付费为主，按人头付费、按服务单元付费等复合型付费方式，逐步减少按项目付费。鼓励推行按疾病诊断相关组（DRGs）付费方式。2015 年医保支付方式改革要覆盖区域内所有公立医院，并逐步覆盖所有医疗服务。综合考虑医疗服务质量安全、基本医疗需求等因素制定临床路径，加快推进临床路径管理。到 2015 年底，试点城市实施临床路径管理的病例要达到公立医院出院病例数的 30%，同步扩大按病种付费的病种数和住院患者按病种付费的覆盖面，实行按病种付费的病种不少于 100 个
关于推进分级诊疗制度建设的指导意见（国办发〔2015〕70 号）	国务院办公厅	2015.09.08	推进医保支付方式改革，强化医保基金收支预算，建立以按病种付费为主，按人头付费、按服务单元付费等复合型付费方式，探索基层医疗卫生机构慢性病患者按人头打包付费
关于印发控制公立医院医疗费用不合理增长的若干意见的通知（国卫体改发〔2015〕89 号）	国家卫生和计划生育委员会、国家发展和改革委员会、财政部、人力资源和社会保障部、国家中医药管理局	2015.10.27	逐步对统筹区域内所有定点医疗机构及其所有病种全面实行支付方式改革。强化医保基金收支预算，建立以按病种付费为主，按人头、按服务单元等复合型付费方式，逐步减少按项目付费。鼓励推行按疾病诊断相关组（DRGs）付费方式。到 2015 年底，城市公立医院综合改革试点地区医保支付方式改革要覆盖区域内所有公立医院，实施临床路径管理的病例数达到公立医院出院病例数的 30%，实行按病种付费的病种不少于 100 个

文件名	部门	时间	相关内容摘录
关于积极推动医疗、医保、医药联动改革的指导意见（人社部发〔2016〕56号）	人力资源和社会保障部	2016.06.29	继续深化医保支付方式改革。结合医保基金预算管理，全面推进付费总额控制，加快推进按病种、按人头等付费方式，积极推动按病种分组付费（DRGs）的应用，探索总额控制与点数法的结合应用，建立复合式付费方式，促进医疗机构之间良性竞争，激励医疗机构加强自我管理，发挥医保支付对医疗机构和医务人员的激励约束作用
关于加强基本医疗保险基金预算管理发挥医疗保险基金控费作用的意见（财社〔2016〕242号）	财政部、人力资源和社会保障部、国家卫生和计划生育委员会	2016.12.29	全面改革支付方式。各统筹地区要结合本地实际，全面实施以总额预算为基础，门诊按人头付费，住院按病种、按疾病诊断相关分组（DRGs）、按床日付费等多种方式相结合，适应不同人群、不同疾病及医疗服务特点的复合支付方式，逐步减少按项目付费，将支付方式改革覆盖所有医疗机构和医疗服务

三、第三阶段：国家医保局成立后（2018年6月至今）

2018年6月至今，中共中央、国务院逐步明确了医疗保障制度的战略性购买者定位，国家医保局的成立也显著推动了医保支付方式改革的落实和改革内容的进一步丰富。在此阶段，我国积极开展DRG、DIP（diagnosis-intervention packet，按病种分值付费）等新型支付方式的试点，国家医保局发布了多份文件指导各统筹地区推进DIP改革。同时，我国在完善医保基金总额预算办法、多元复合式医保支付方式时，进一步丰富和细化了改革内容。例如，我国开始探索医疗服务与药品分开支付、对紧密型医疗联合体的总额支付和符合中医药特点的医保支付方式，并根据按人头支付、按床日支付等不同支付方式的特点指导其应用于不同的医疗卫生服务。表5-17中为2018年6月至2021年12月医疗保险支付制度改革相关政策。

表5-17　2018年6月至2021年12月医疗保险支付制度改革相关政策

文件名	部门	时间	相关内容摘录
关于印发深化医药卫生体制改革2018年下半年重点工作任务的通知（国办发〔2018〕83号）	国务院办公厅	2018.08	深化医保支付方式改革。在全国全面推开按病种付费改革，统筹基本医保和大病保险，逐步扩大按病种付费的病种数量。开展按疾病诊断相关分组（DRGs）付费试点
关于完善国家基本药物制度的意见（国办发〔2018〕88号）	国务院办公厅	2018.09	深化医保支付方式改革，建立健全医保经办机构与医疗机构间"结余留用、合理超支分担"的激励和风险分担机制
关于印发深化医药卫生体制改革2019年重点工作任务的通知（国办发〔2019〕28号）	国务院办公厅	2019.05	加快推进医保支付方式改革，开展按疾病诊断相关分组付费试点，继续推进按病种为主的多元复合式医保支付方式改革。完善中医药服务体系和符合中医药特点的医保支付政策

续表

文件名	部门	时间	相关内容摘录
关于完善城乡居民高血压糖尿病门诊用药保障机制的指导意见（医保发〔2019〕54号）	国家医保局、财政部、国家卫生健康委员会、国家药品监督管理局	2019.09	完善支付标准，合理确定支付政策。根据"两病"参保患者就医和用药分布，鼓励开展按人头、按病种付费
关于深化医疗保障制度改革的意见	中共中央、国务院	2020.02	持续推进医保支付方式改革。完善医保基金总额预算办法，健全医疗保障经办机构与医疗机构之间协商谈判机制，促进医疗机构集体协商，科学制定总额预算，与医疗质量、协议履行绩效考核结果相挂钩。大力推进大数据应用，推行以按病种付费为主的多元复合式医保支付方式，推广按疾病诊断相关分组付费，医疗康复、慢性精神疾病等长期住院按床日付费，门诊特殊慢性病按人头付费。探索医疗服务与药品分开支付。适应医疗服务模式发展创新，完善医保基金支付方式和结算管理机制。探索对紧密型医疗联合体实行总额付费，加强监督考核，结余留用、合理超支分担，有条件的地区可按协议约定向医疗机构预付部分医保资金，缓解其资金运行压力
关于做好2020年城乡居民基本医疗保障工作的通知（医保发〔2020〕24号）	国家医保局、财政部、国家税务总局	2020.06	推进医保支付方式改革。发挥医保支付在调节医疗服务行为、提高医保基金使用效率等方面的重要作用。普遍实施按病种付费为主的多元复合式支付方式，在30个城市开展疾病诊断相关分组（DRG）付费国家试点工作，加强过程管理，适应不同医疗服务特点。完善医保总额管理和重大疫情医保综合保障机制
关于印发深化医药卫生体制改革2020年下半年重点工作任务的通知（国办发〔2020〕25号）	国务院办公厅	2020.07	推进医保支付方式改革。推进按病种诊断相关分组付费国家试点和按病种付费。健全医保经办机构与医疗机构之间的协商谈判机制，合理确定、动态调整医保基金总额预算指标，有条件的地方可以加大周转金预拨力度，减轻医疗机构垫付压力。探索紧密型医疗联合体实行总额付费，加强监督考核，结余留用、合理超支分担。制定建立医保药品支付标准的指导意见
关于印发区域点数法总额预算和按病种分值付费试点工作方案的通知（医保办发〔2020〕45号）	国家医保局办公室	2020.10	用1~2年的时间，将统筹地区医保总额预算与点数法相结合，实现住院以按病种分值付费为主的多元复合支付方式
关于印发按病种分值付费（DIP）医疗保障经办管理规程（试行）的通知（医保办发〔2021〕27号）	国家医保局办公室	2021.05	推进区域点数法总额预算和按病种分值付费，规范按病种分值付费（DIP）的经办管理工作
关于做好2021年城乡居民基本医疗保障工作的通知（医保发〔2021〕32号）	国家医保局、财政部、国家税务总局	2021.05	着力推进医保支付方式改革，30个DRG付费试点城市和71个DIP试点城市要推动实际付费。积极探索点数法与统筹地区医保基金总额预算相结合，逐步使用区域医保基金总额控制代替具体医疗机构总额控制

续表

文件名	部门	时间	相关内容摘录
关于推动公立医院高质量发展的意见（国办发〔2021〕18 号）	国务院办公厅	2021.05	深化医保支付方式改革。推行以按病种付费为主的多元复合式医保支付方式，开展按疾病诊断相关分组付费国家试点，开展区域点数法总额预算和按病种分值付费试点，探索按床日付费、门诊按人头付费。探索对紧密型医疗联合体实行总额付费，加强监督考核，结余留用、合理超支分担。科学制定医保总额预算，合理确定、动态调整按病种、按床日、按人头等的付费标准。规范医保协议管理，明确结算时限，细化结算规则，确保基金及时足额拨付。指导推动公立医院积极参与国家组织药品和医用耗材集中采购使用改革，落实医保资金结余留用政策。鼓励各地探索符合中医药特点的医保支付方式
关于印发深化医药卫生体制改革 2021 年重点工作任务的通知（国办发〔2021〕20 号）	国务院办公厅	2021.05	推进医保支付方式改革。推进按疾病诊断相关分组付费、按病种分值付费试点，促进精细管理，适时总结经验并向全国推广
关于印发"十四五"全民医疗保障规划的通知（国办发〔2021〕36 号）	国务院办公厅	2021.09	持续深化医保支付方式改革。在全国范围内普遍实施按病种付费为主的多元复合式医保支付方式，推进区域医保基金总额预算点数法改革，引导医疗机构合理诊疗，提高医保资金使用效能。制定医保基金总额预算管理、按床日付费、按人头付费等技术规范。完善紧密型医疗联合体医保支付政策。深化门诊支付方式改革，规范门诊付费基本单元，逐步形成以服务能力、服务项目、服务量为基础的支付方式。引导合理就医，促进基层首诊。探索符合中医药特点的医保支付方式，发布中医优势病种，鼓励实行中西医同病同效同价，引导基层医疗机构提供适宜的中医药服务。制定完善不同支付方式经办规程。探索医疗服务与药品分开支付
DRG/DIP 支付方式改革三年行动计划（医保发〔2021〕48 号）	国家医保局	2021.11	以加快建立管用高效的医保支付机制为目标，分期分批加快推进。到 2025 年底，DRG/DIP 支付方式覆盖所有符合条件的开展住院服务的医疗机构，基本实现病种、医保基金全覆盖

　　2021 年 9 月，《关于印发"十四五"全民医疗保障规划的通知》（国办发〔2021〕36 号）中提出了今后 5 年持续深化医保支付方式改革的目标，即在全国范围内普遍实施按病种付费为主的多元复合式医保支付方式，推进区域医保基金总额预算点数法改革，引导医疗机构合理诊疗，提高医保资金使用效能。为进一步加快推进 DRG/DIP 支付方式改革，国家医保局于 2021 年 11 月发布《DRG/DIP 支付方式改革三年行动计划》（医保发〔2021〕48 号），提出到 2025 年底，DRG/DIP 支付方式覆盖所有符合条件的开展住院服务的医疗机构，基本实现病种、医保

基金全覆盖的工作计划，并明确了抓扩面、建机制、打基础、推协同的工作任务和要求。

第三节　新时期医疗保险支付制度改革方向

一、医疗保障制度的总体框架设计

医疗保障是减轻群众就医负担、增进民生福祉、维护社会和谐稳定的重大制度安排。党中央、国务院高度重视人民健康，建立了覆盖全民的基本医疗保障制度。党的十八大以来，全民医疗保障制度改革持续推进，在破解看病难、看病贵问题上取得了突破性进展，然而医疗保障发展不平衡不充分的问题依然存在。2020 年 2 月 25 日，中共中央、国务院《关于深化医疗保障制度改革的意见》出台，对新时期医疗保障制度改革做出了战略部署。

该意见首次明确了医疗保障制度的战略性购买者定位，提出改革的指导思想是坚持以人民健康为中心，加快建成覆盖全民、城乡统筹、权责清晰、保障适度、可持续的多层次医疗保障体系，通过统一制度、完善政策、健全机制、提升服务，增强医疗保障的公平性、协调性，发挥医保基金战略性购买作用，推进医疗保障和医药服务高质量协同发展，促进健康中国战略实施，使人民群众有更多获得感、幸福感、安全感。

该意见提出构建"1+4+2"的医疗保障制度体系框架，具体为：建立多层次的保障体系，即到 2030 年，全面建成以基本医疗保险为主体，医疗救助为托底，补充医疗保险、商业健康保险、慈善捐赠、医疗互助共同发展的医疗保障制度体系；完善四项基本制度，包括完善公平适度的待遇保障机制、健全稳健可持续的筹资运行机制、建立管用高效的医保支付机制和健全严密有力的基金监管机制；同时，健全两项制度支撑，即协同推进医药服务供给侧改革和优化医疗保障公共管理服务。

二、医疗保险支付制度的改革重点

医疗保险支付制度是保障群众获得优质医药服务和提高基金使用效率的关键机制。要聚焦临床需要、合理诊治、适宜技术，完善医保目录、协议和结算管理，实施更有效率的医保支付，更好保障参保人员权益，增强医保对医药服务领域的激励约束作用。具体的改革工作为以下几点。

第一，完善医保目录动态调整机制。立足基金承受能力，适应群众基本医疗需求、临床技术进步和调整优化医保目录，将临床价值高、经济性评价优良的药品、诊疗项目及医用耗材纳入医保支付范围，规范医疗服务设施支付范围；健全医保目录动态调整机制，完善医保准入谈判制度。合理划分中央与地方目录调整职责和权限，各地区不得自行制定目录或调整医保用药限定支付范围，逐步实现全国医保用药范围基本统一；建立医保药品、诊疗项目及医用耗材评价规则和指标体系，健全退出机制。

第二，创新医保协议管理。完善基本医疗保险协议管理，简化优化医药机构定点申请、专业评估和协商谈判程序。将符合条件的医药机构纳入医保协议管理范围，支持互联网医疗等新服务模式发展。建立健全跨区域就医协议管理机制。制定定点医药机构履行协议考核办法，突出行为规范、服务质量和费用控制考核评价，完善定点医药机构退出机制。

第三，持续推进医保支付方式改革，完善医保基金总额预算办法，健全医疗保障经办机构与医疗机构之间的协商谈判机制，促进医疗机构集体协商，科学制定总额预算，并与医疗质量、协议履行等绩效考核结果相挂钩。同时，应大力推进大数据应用，推行以按病种支付为主的多元复合式医保支付方式，推广按疾病诊断相关分组支付，医疗康复、慢性精神疾病等长期住院按床日支付，门诊特殊慢性病按人头支付。探索医疗服务与药品分开支付。适应医疗服务模式发展创新，完善医保基金支付方式和结算管理机制。探索对紧密型医疗联合体实行总额付费，加强监督考核，采用"结余留用"、合理"超支分担"原则，有条件的地区可按协议约定向医疗机构预付部分医保资金，缓解其资金运行压力。

除上述三个主要方面之外，《关于印发"十四五"全民医疗保障规划的通知》（国办发〔2021〕36号）中还进一步提出了加强医保医用耗材管理、提升医疗服务项目管理水平、健全对定点医药机构的预算分配机制、加强医保定点管理等相关改革要求，综合全面地推进医疗保险支付机制持续优化。

本章参考文献

[1] 国家医疗保障局. 2020 年医疗保障事业发展统计公报[EB/OL]. http://www.nhsa.gov.cn/art/
2021/6/8/art_7_5232.html[2021-06-28].

[2] 曾露. 我国基本医疗服务供给存在的问题及对策研究[D]. 湘潭：湘潭大学，2018.

[3] 国家卫生健康委员会. 2020 中国卫生健康统计年鉴[M]. 北京：中国协和医科大学出版社，
2020.

第六章 我国医疗保险支付制度典型实践案例

第一节 北京市 DRG 支付改革

一、改革背景

北京是我国第一个开展 DRG 支付试点的城市，其在试点 DRG 支付之前，主要推行政府医疗定价和医疗服务按项目支付制度，导致医院内部医疗费用支出的约束机制不足，出现了重复检查、大处方等过度医疗行为，造成了医疗资源的浪费，医疗费用快速上升、医疗支出结构严重失常、医务人员劳动价值得不到体现等问题变得较为突出。

为了进一步提高医疗保险基金使用效率，实现真正意义上的"总量控制"，激励医院自觉地进行结构调整，有效控制费用不合理增长，保障医疗质量和医院绩效管理，切实减轻参保人员负担，2011 年 7 月北京市人力资源和社会保障局、北京市卫生局、北京市财政局、北京市发展和改革委员会联合印发了《关于开展按病种分组（DRGs）付费试点工作的通知》（京人社医发〔2011〕207 号），正式启动 DRG 支付试点工作。

二、主要做法

按照"自愿参加、定点医院申请、医疗保险管理部门审核批准"的原则，选取确定了北京大学人民医院、北京大学第三医院、北京友谊医院、北京朝阳医院、首都医科大学宣武医院、北京天坛医院等六家三甲医院开展 DRG 支付试点工作。同时，以 2010 年来北京市定点医疗机构实际发生的医保费用数据为基础，选择组内差异较小、病例数量相对集中的 108 个病种组为试点病种，包括了 2003 种疾病诊断和 1873 种手术治疗措施，基本覆盖了常见病和多发病。

支付改革的具体策略和做法如下[1-2]。

（一）各病种分组的医疗费用支付实行定额管理

定额标准采用社会平均成本法确定，即按照 2010 年北京市基本医疗保险定点三级医疗机构诊治同一病种分组医保患者、实际发生的次均费用测算确定，病种分组费用按定额支付。这样不仅不会影响医院的医疗收入，反而会因为医院加强管理，控制过度服务行为，促进医院管理效率和医疗质量的提高，增加收入。同时，也不会给医保基金增加更多的负担。

根据《关于开展按病种分组（DRGs）付费试点工作的通知》（京人社医发〔2011〕207 号）的附件"病种分组及定额支付标准"中的计算，108 个试点病种的每个权重的费率为 14 315.6 元。以"FC35-冠状动脉搭桥，不伴合并症与并发症"为例，该病种的 DRG 编码为"FC35"（F 表示该组属于循环系统疾病及功能障碍的主要诊断分类；C 表示外科类型；3 表示 DRG 排列顺序号；5 表示不伴合并症与并发症），该病种的权重为 6.2060，定额支付标准为 88 843 元（定额支付标准=各 DRG 的权重×单位权重费率），平均住院时间为 21.34 天。

病种分组的定额费用由参保人员和医疗保险基金分别支付。如果参保人员实际医疗费用超过定额支付标准，那么参保人只需承担按定额标准支付计算后的个人应负担费用；如果参保人员实际医疗费用低于定额标准，则按实际支出负担医疗费用，定额标准与参保人员所支付费用的差额部分由医保基金支付。

另外，试点使用医疗保险报销范围内的诊疗项目和药品，不再区分甲类和乙类，均按医保甲类标准报销。使用医用耗材和人工器官，仍按基本医疗保险现行报销规定执行。使用自费的药品、诊疗项目或医用耗材，试点医院仍需要按照基本医疗保险的有关规定，征得参保人员（或家属）同意，并签订书面协议。

（二）对试点病种发生的医疗费用实行基金预付

对试点医院在试点病种范围内发生的符合医疗保险报销范围的医疗费用，医疗保险基金实行基金预付，即根据试点医院 2010 年同期纳入试点病种范围的病例数，测算试点期间医保基金给付金额。将第一个月给付金额的 90%，预付给定点医疗机构。此后根据医疗服务量审核结算。年终根据试点医院当年实际医疗服务量予以清算，如最终费用有结余，纳入医院收入，亏损则由医院承担。

为了进一步控制费用，医保还对试点医院药品耗材采购和自费费用控制加强了管理。要求试点医院使用的药品和医用耗材，在北京市药品和医用耗材集中采购中标目录范围内自主采购，但采购价格必须低于原集中采购价格。试点医院在108个病种组诊疗过程中，严格控制使用自费药品和自费诊疗项目（医用耗材），减轻参保人员医药费负担，自费比例不应高于试点医院上年同期水平。综合计算试点病种费用，如当年自费比例高于上年同期水平时，其超出部分，在年底结算时医保基金将同比扣减。

三、实施效果与问题

（一）降低住院时间，促进医疗费用合理增长

北京 DRG 支付试点阶段评价研究表明，2012 年至 2013 年试点医院 108 个疾病诊断组的入组病例占医保住院病例的 39%，按 DRG 支付结算的费用占医保住院病例结算费用的 49%。六家试点医院与北京市八家对照医院的同期关键指标比较结果显示，试点医院以传统的按项目支付测算的单位权重费率为 15 305 元，对照医院单位权重费率为 16 652 元，试点医院相比对照医院低了 8.1%；试点医院单位权重费率的患者个人支付费用为 4318 元，对照医院为 5110 元，相较对照医院低 15.5%；试点医院平均住院日为 6.97 天，对照医院为 7.44 天，相较对照医院低 6.32%。上述结果表明试点的医疗保险基金使用效率得到提高，参保人员费用负担有所减轻，住院时间缩短[3]。

在医保基金总额预付方面，从 2013 年起，北京市医疗保险事务管理中心在医疗保险基金住院指标额测算中引进了 DRG 技术，研究显示实施总额预付的 196 家定点医疗机构截至当年年底，改革工作运行平稳，医疗费用快速增长的趋势得到有效控制[4]。

（二）DRG 支付改革可能在一定程度上影响服务质量

简伟研教授团队以急性心肌梗死（acute myocardial infarction，AMI）这一病种为例，评估了北京 DRG 支付改革的实施对患者服务质量的影响[5]。研究结果显示，DRG 支付改革对试点医院急性心肌梗死患者的住院死亡率和 30 天再入院率没有显著影响，但对于过程性服务质量指标有影响。DRG 支付实施之前，2010 年到 2011 年，有并发症的经皮冠状动脉支架植入术患者入院 24 小时内接受 β 受体阻滞剂治疗的比例从 62.5% 上升到 67.7%，出院时接受 β 受体阻滞剂治疗的比例从 79.0% 上升到 84.4%，出院时接受他汀类药物治疗的比例从 71.8% 上升到 77.0%，表明这些必要的临床治疗服务得到了加强。DRG 支付实施以后，这些指

标在改革第二年均有所下降，几乎回落至改革前水平。无并发症的经皮冠状动脉支架植入术患者和冠状动脉旁路移植术治疗患者的过程性服务质量指标变化也存在相似的趋势。上述研究结果表明，由于 DRG 支付改革实施初期尚未结合促进服务质量的机制，试点医院实施支付改革后一些必要的临床治疗服务提供减少，可能影响患者接受服务的质量。

（三）存在患者选择、编码高套等问题，制度设计有待进一步完善

在 DRG 支付试点阶段性评价中也发现了病种定额支付标准设置不合理，医院结算中存在患者选择、编码高套等问题。评价研究显示，在 107 组①试点病种中有 25 组病种实际治疗费用高于结算费用（即定额支付标准），82 组病种实际治疗费用小于定额支付标准，近 80%病种有盈余。与此同时，病种治疗中，自费越多的病种结余越多，因为在实际试点测算病种权重时计算的是该病种的总费用（包括高值耗材参保人员个人负担 30%部分），病种总体治疗费用高则权重高，在单位权重医保费率相同的情况下，这类病种医保定额支付标准也相对提高，高值耗材非医保支付部分没有剔除。试点以后，造成病种中的高值耗材费用越高医院盈余越高，反之高值耗材较少的病种没有盈利，甚至亏损。

北京 DRG 支付阶段性评价研究还指出，对于依然保留按项目支付的病种患者数有所增加，患者的个人支付有所提高，且两周再入院率上升，试点医院可能存在将病情较重、诊疗难度较大、治疗费用较高的患者划分到按项目支付的病种，即"患者选择"的现象。另外，病例组合指数是反映收治病例难度的指标，该指标在试点医院中呈上升趋势，而在保留按项目支付的对照医院中则呈下降趋势，可能存在试点医院通过"编码高套"将患者分入权重更高的疾病诊断分组，从而获得更高的医保定额支付标准[3]的现象。

四、经验与启示

（一）高质量的 DRG 系统是推行 DRG 支付的前提

DRG 支付以疾病诊断分组为支付单元，DRG 是该支付方式的核心技术，分组的技术门槛较高且成本较高。北京早在 1987 年便开始有学者进行 DRG 研究，2003~2004 年北京实现了病例首页网络直报，这是建立 DRG 系统的基础，2008 年

---

① "FL29-循环系统疾患不伴 AMI 伴侵入心脏检查操作，伴复合性诊断检查/操作"这一病种并未在试点中实施，因此实际试点 107 个病种。

BJ-DRG 开发完成，2011 年北京正式试点 DRG 支付。除了北京和上海等少数地区能够独立研发地方化 DRG 系统外，CN-DRG 是国家卫生行政主管部门建立和应用推广的分组系统，也是目前 DRG 支付试点改革地区参考使用的。三明、玉溪等在 CN-DRG 基础上利用当地历史病案数据对分组方案进行了调整，以此推进地方 DRG 支付。缺乏统一的分组编码系统、分组口径及数据收集分析标准，增加了各地推行 DRG 的投入成本，降低了 DRG 在全国医疗服务监管和医保支付管理中的效率。因此，国家层面统一研发、建立修订完善和动态更新的 DRG 系统是进一步推行和落实 DRG 支付的关键。

（二）推行 DRG 支付需要多部门协同合作

DRG 支付涉及医疗服务供方、医疗服务支付方式及患者三方，在实施推进中需要将各方诉求纳入考量，尤其是医疗机构的服务水平、规范程度、执行程度，与 DRG 支付推行效率和实施效果紧密相关。在地方试点过程中，由于涉及跨多个业务主管部门的改革联动，无论是通过建立政府部门联席会议制度协调议事，还是由各级政府医改办负责组织实施，都是确保 DRG 支付推进的关键环节。

第二节　广州市 DIP 支付改革实践

一、改革背景及政策沿革

广州市是全国基于大数据的 DIP 支付改革的先行试点城市。在本轮医保支付方式改革之前，广州市医保支付方式主要采取传统的按项目支付、按床日支付及年度次均费用结算方式。在住院和门诊大病上，采用按次均定额支付为主的结算方式，主要考虑较宏观的、共性的因素对医疗消耗的影响，管理成本较低，控制费用力度较强，但容易出现减少服务内容、降低服务质量、分解住院、轻病入院、挂床住院、推诿重病患者等违规行为。而单病种支付受制于医院临床路径实施、病情繁杂的程度，可实施的病种十分有限，难以覆盖所有疾病[6]。为此，广州市一直在探索能够更好地适应医疗服务多样性、复杂性的支付方式。

2017 年，广东省人力资源和社会保障厅联合省卫生和计划生育委员会印发《关于全面开展基本医疗保险按病种分值付费工作的通知》（粤人社函〔2017〕3457

号），要求各市全面开展 DIP 工作。2018 年，广州市人力资源和社会保障局、广州市财政局、广州市卫生和计划生育委员会联合下发《广州市社会医疗保险住院医疗费用按病种分值付费工作的通知》，要求自 2018 年 1 月 1 日起，开展广州市社会医疗保险住院医疗费用 DIP 工作，标志其医保支付方式从传统的按床日支付、年度次均费用结算转向 DIP 支付[7]。

根据 2020 年 10 月下发的《国家医疗保障局办公室关于印发区域点数法总额预算和按病种分值付费试点工作方案的通知》（医保办发〔2020〕45 号）的部署与指导思想，2021 年印发了《广州市医疗保障局关于开展广州市社会医疗保险住院医疗费用按病种分值付费工作的通知》，以进一步推进社会医疗保险 DIP 支付改革。

二、主要做法

广州市 DIP 改革的具体策略和做法如下。

（一）实行区域总额预算管理

广州市从对每家医疗机构下达年度预算调整为只有一个区域总额预算，医保部门不再为每家医院"分蛋糕"。在充分满足医疗需求的基础上，以认可医疗机构业务发展的实际情况为前提，综合考虑医保基金收入水平、医疗技术发展、参保人员住院就医人数增长率、医疗保健消费价格同比增长率等因素，确定全市年度住院统筹基金支出增长率、全市年度 DIP 支付调节金支出总额，以及全市年度住院统筹基金支出总额[6]。具体计算公式[8]如下。

$$
\begin{aligned}
&全市年度住院统筹基金支出增长率\\
&=(全市上年度参保人员住院就医人数增长率+1)\\
&\quad\times(本市上年度医疗保健消费价格同比增长率+1)-1
\end{aligned} \tag{6-1}
$$

$$
\begin{aligned}
&全市年度DIP支付调节金支出总额\\
&=上一年度全市DIP支付调节金支出总额\\
&\quad\times(本市上年度医疗保健消费价格同比增长率+1)
\end{aligned} \tag{6-2}
$$

$$
\begin{aligned}
&全市年度住院统筹基金支出总额\\
&=全市上年度住院统筹基金实际支出总额\\
&\quad\times(1+全市年度住院统筹基金支出增长率)\\
&\quad+全市年度DIP支付调节金支出总额
\end{aligned} \tag{6-3}
$$

（二）病种组合及其分值的确定

首先，选择一种普遍开展、临床路径明确、并发症与合并症少、诊疗技术成熟且费用相对稳定的病种作为基准病种，基准病种分值设为 1000 分。其次，根据定点医疗机构一定时期出院病例的疾病主要诊断编码、手术操作编码，筛选出核心病种。在核心病种中，由市医疗保障行政部门确定适宜基层医疗卫生机构开展的病种作为基层病种。对于指定病种长期住院、精神病专科和护理医疗机构住院治疗等住院时间较长的住院病例，可组成床日分值结算病种（以下简称床日病种），其他病种视为综合病种。最后，根据各病种及基准病种的医疗费用，计算核心（综合）病种分值（F1）、基层病种分值（F2）和床日病种分值（F3）[9]。

病种分值计算公式为

$$核心(综合)病种分值(F1)或基层病种分值(F2) \\ =(各病种次均医疗费用÷基准病种次均医疗费用)×1000 \quad (6-4)$$

$$床日病种分值(F3)=(各床日病种日均医疗费用÷基准病种次均医疗费用)×1000 \\ (6-5)$$

结合医疗专家评审制度，确定合理的支付系数。对于费用超出上年度同级别次均费用 2 倍以上的病例额外叠加分值，对在上年度同级别次均费用 50%以下的病种按实际分值结算。

广州市利用大数据优势，以 2014~2016 年全市定点医疗机构 800 余万份病案数据为基础，基于临床主要诊断编码（ICD-10 国标版）和手术操作编码（ICD-9-CM-3 广东版）的自然组合确定病种组。按照核心病种入组率在 90%及以上的管理目标，筛选病例数多的病种组入核心病种，2018 年形成 12 005 个核心病种；对病例数少的病种组，按照诊断编码首位字母归为 25 个综合病种[10]。

在确定分值时，以"急性阑尾炎：阑尾切除术，经腹腔镜（K35.9：47.0101）"为基准病种，按照各病种次均费用与基准病种次均费用的比值确定各病种分值；对按床日支付的病种以床日费用与基准病种费用的比值确定床日分值。因广州执行 6 岁以下儿童基本医疗服务项目价格加收政策，对 6 岁以下儿童病例在原分值基础上增加 5.3%[10]。

（三）权重系数的确定

广州市医疗保障行政部门负责组织编制定点医疗机构权重系数，由基本权重系数及加成系数构成。基本系数体现不同级别医疗机构不同资源的消耗水平。三级定点医疗机构基本系数设置为 1，其他级别基本系数以相同病种（不含综合病种）和三级定点医疗机构的比例关系确定。

目前，加成指标主要有医保分级管理等级评定加成、病例组合指数（CMI）、老年患者比例和儿童患者比例加成、重点专科/登峰计划加成等。同时，如果频繁转院的患者比例超出规定则会相应扣减。

（四）特殊病例分值的确定方法

特殊病例分值等于该病例实际医疗费用与上年度病种每分值费用的比值。通过引入病种分值校正机制，对于符合以下条件之一的病例，可申请纳入特殊病例范围：①该病例住院天数大于该医疗机构当年度平均住院天数 5 倍以上；②该病例实际医疗费用超出该病例实际分值与上年度病种每分值费用的乘积，且超出金额为该医疗机构年度前 10 位；③该病例的监护病房床位使用天数大于等于住院床位使用总天数的 60%；④运用创新医疗技术（指 3 年内获得国家、省自然科学奖、技术发明奖、科学技术进步奖的医疗技术或治疗手段）的病例；⑤运用经市卫生健康行政部门评审认定、公布的临床高新技术、临床重大技术和临床特色技术的病例。

符合以上条件的病例由定点医疗机构向市医保经办机构提出按特殊病例结算的申请，申请病例数不超过各定点医疗机构当年度 DIP 支付人次的千分之一。

（五）建立协商机制

2021 年，广州市医疗保障局确定评议组织成员、核心组成员名单，建立与医疗机构的良性互动和合作协商机制。评议组织定期或不定期召开议事会议，就市医保部门统一提交的病种组合、病种分值、权重系数、争议病例及相关支付政策等内容开展评议，并提出评议意见。议事会议正式开始前，市医保中心组织评议组织成员分区召开议事预备会议，收集定点医疗机构和评议组织成员意见建议，通过正式会议讨论与表决，最终形成书面意见和表决结果。

三、实施成效

已有研究表明[10]，广州市 DIP 支付方式的实施已取得一定成效。第一，病种分组稳定，核心病种入组率高，符合设置病种组合的管理预期。2018~2020 年核心病种入组率分别为 87.69%、88.30%、94.3%；其他病例入组综合病种，100%可通过病种分值结算。平均组内变异系数保持在 0.73 左右（不含综合病种），分组具有更高的稳定性，更能反映治疗复杂性、资源消耗水平等方面的实际情况。第二，医保住院患者在各级医院的平均分值及次均费用平稳增长，医保基金人均支付额增长率为 1.1%，增长率符合预期。第三，在一定程度上促进了医疗机构的良性发展。2019 年，全市三级医疗机构平均 CMI 值较 2018 年增长 8.9%，收治患者疾病复杂程度有所提升；2019 年 30 天再入院率相较 2017 年下降 15.4%，医疗服务质量有所提升。第四，有效减轻了患者医疗费用负担。DIP 实施以来，广州市医保住院总人次增长率、人均住院次数在 2018 年和 2019 年连续两年下降，住院患者人均自付率下降 1.3 个百分点，患者医疗费用负担有所减轻。

四、经验与启示

（一）DIP 在区域总额预算的控制下实施点数法，取得了初步成效

DIP 在区域总额预算的控制下，基于定点医疗机构的实际医疗服务资源消耗情况确定相应的分组和相对权重，在有效控制医疗费用增长的同时调动了医疗机构加强管理、提升效率的积极性，减轻患者负担。

（二）智能化的信息系统是 DIP 实施的必要支撑

制定 DIP 分组需要基于海量的历史病案数据进行分析，基于主要诊断和治疗方式进行分组，因此对医疗数据、病案首页质量等方面的要求较高，高度依赖全面、智能化的信息系统。

（三）为科学制订和有效实施支付方案，有必要建立协商机制，促进医保与医疗机构良性互动与合作

DIP 支付需要确定病种组合、分值、医疗机构权重系数等多方面的内容，涉及医保部门、医疗机构等多个利益相关者，因此，为保证实施方法的科学性和合理性，在制订实施方案时，需要多方参与研究与讨论，听取医疗机构专家的意见，建立并完善医保部门与定点医疗机构的沟通协商机制，推动 DIP 改革的顺利实施。

第三节　杭州市总额预算改革

一、改革背景

杭州市较早开展基本医疗保险制度的探索。2001 年 2 月杭州市人民政府颁布《杭州市城镇职工基本医疗保险暂行规定》，开始建立基本医疗保险制度。2013 年 7 月《杭州市人民政府关于印发杭州市基本医疗保障办法的通知》（杭政〔2013〕68 号）发布，将职工基本医疗保险和城乡居民基本医疗保险纳入统一的制度框架。自 2018 年 1 月起实施的《杭州市基本医疗保障办法》，构建了包含职工医保、城乡居民医保、大病保险、医疗困难救助在内的较为完善的基本医疗保障体系，并不断完善其筹资和支付制度。

杭州市自建立基本医疗保险制度以来，采用按项目支付作为医疗保险的支付方式。因缺乏有效的监管手段，医疗费逐年快速增长。为进一步保障参保人员的基本医疗需求，规范医疗保险费用结算，提高基本医疗保险基金使用效率，防范医疗保险基金风险，确保基本医疗保障制度长期可持续运行，2009 年底杭州市人民政府办公厅印发了《杭州市基本医疗保险医疗费用结算管理暂行办法》，自 2010 年起，杭州市基本医疗保险正式启动以预算管理为核心，总额预付、按项目支付、按病种支付、按人头支付相结合的复合性方式改革。

二、主要做法

（一）总额预算管理的主要内容[11]

1. 以预算管理为核心

总额预算支付制度引入了预决算管理思路，以上年该医疗机构有效服务产生的医疗费用为基数，以次均费用、人次人头比为主要考核指标，以预期医疗费合理增速为绩效调节系数，年初确定并下达本年度预算指标，年中沟通反馈，年底考核清算。结算管理办法以控制医疗费用合理增长为目标，对不同类型的医疗费用进行分类考核。医保部门与定点医疗机构提前沟通预算管理的结果，有利于医疗机构及时修正自身不规范的服务行为，提升服务质量和效率。

2. 以医疗机构的总医疗费用为管理对象

杭州市的总额预算支付制度不以医疗保险基金支付金额作为管理对象，而将包括自费费用在内的总医疗费用作为管理对象，旨在从两方面控制医疗机构的选择行为：第一，防止医疗机构选择不同保障待遇水平的患者；第二，参保人员个人负担的医疗费用部分也纳入总额预算管理范围，既控制了医疗保险基金支付水平，同时也有助于降低参保人员的疾病经济负担。

3. 以控制合理增量为目标

总额预算支付制度中的预算考核指标主要是次均费用，为防止医疗机构通过分解服务降低次均费用，在实行次均费用考核的同时，引入"人次人头比"指标（也称复诊率指标）。随着人口老龄化、疾病谱变化及创新药品和诊疗技术的应用，医疗费用随着参保者需求的增加呈持续增长趋势，医保管理的重点在于保持医疗费用的增长幅度适度可控。考虑到不同等级的医疗机构、综合性医院和专科医院在医疗服务范围和能力方面的差异，按照"承认历史事实，控制未来增长"的思路，当前以每家医疗机构上年有效费用为基数进行控制。

4. 不同类别的医疗费用分设控制指标

门诊、住院和规定病种（即门诊大病）医疗费用分设控制指标，特殊费用和一般费用区别对待。鉴于不同费用类别、不同患者的医疗费用水平会有较大差异，为合理控制费用、保障参保人员权益、合理补偿医疗机构，并防止医疗机构推诿重病患者，杭州市将门诊、住院和规定病种（特殊大病）医疗费用分设控制指标，单独考核，次均住院费用3倍以上的大额费用按实结算。

5. "奖惩并重"的分担机制

当年医疗费发生指标低于年初下达的预算指标的，医疗机构分享差额部分；高于年初下达的预算指标的，超过部分医疗机构分担一定的责任（详见以下案例中的具体说明）。由此激发了定点医疗机构主动参与管理、主动控制医疗费用不合理增长的积极性。

（二）总额预算管理的案例详解

杭州市医保管理部门针对门诊、住院和规定病种分开设定了总额预算的指标和额度。以下以住院费用总额预算管理为例，假设 A、B 两个医疗机构，举例说明杭州市总额预算管理的具体操作方法[11]。

案例 6-1　A 医院——管理到位，同步增长预算额

1. A 医院上一年住院情况

假设杭州市某定点医疗机构 A 医院上一年住院人数为 15 000 人，住院人次为 19 000 人次，住院医疗费用总额为 18 000 万元[①]，次均住院费用为 9474 元，其中，达到次均住院费用 3 倍（28 422 元）以上的住院医疗费用合计为 6000 万元。在住院医疗费用总额中，对达到次均住院费用 3 倍以上的相关患者住院特殊医疗费用进行按实结算。扣除住院特殊医疗费用后，一般住院医疗费用总额为 12 000 万元，参保者住院人数为 14 000 人，住院人次为 17 000 人次，相关指标计算如下：

一般住院人数 $=14\,000$ 人

一般住院人次 $=17\,000$ 人次

一般住院人次人头比 $=$ 住院总人次数 $\div$ 住院总人数

$=17\,000 \div 14\,000 = 1.2143$ 次 / 人

一般住院次均费用 $=$ 总住院费用 $\div$ 住院总人次数

$=12\,000$ 万元 $\div 17\,000 = 7058.82$ 元

2. 年初确定一般住院医疗费用预算指标

联席会议确定当年度一般住院医疗费用预算指标增长率为：假设住院人次人头比增长率为 1.2%，次均费用增长率为 1.5%，则本年度一般住院医疗费用预算考核指标为

人次人头比预算指标 $=$ 上一年住院人次人头比 $\times$ 本年度指标增长情况

$=1.2143 \times (1+1.2\%) = 1.2289$ 次 / 人

次均费用预算指标 $=$ 上一年住院次均费用 $\times$ 本年度指标增长情况

$=7058.82 \times (1+1.5\%) = 7164.70$ 元

当年的住院人数预计与上一年相同，暂不考虑增长。

3. 确定住院一般费用预算额指标

A 医院当年住院总额预算指标 $=$ 上一年住院人数 $\times$ 人次人头比预算指标

$\times$ 次均费用预算指标

$=14\,000 \times 1.2289 \times 7164.70$

$=12\,326.58$ 万元

---

① 医疗机构实际结算额精确到元，本案例中为便于表述均用万元表示。

4.A 医院当年度实际住院医疗情况

假设 A 医院当年度实际住院人数为 16 000 人，住院人次为 20 000 人次，住院医疗费用总额为 20 000 万元，次均住院费用为 10 000 元，医保范围内基金支付比例为 78.06%。其中，达到次均住院费用 3 倍（30 000 元）以上的住院医疗费合计为 7000 万元。扣除达到次均住院费用 3 倍以上的住院医疗费用后，一般住院医疗费用为 13 000 万元，一般住院医疗费用人数为 15 500 人，一般住院医疗费用人次数为 18 850 人次。与上一年实际人次人头比和次均住院费用相比，计算当年指标的增幅，情况如下：

一般住院人数=15 500 人

一般住院人次=18 850 人次

当年一般住院实际人次人头比

=当年实际住院总人次数÷当年实际住院总人数

=18 850÷15 500=1.2161次 / 人

当年一般住院次均费用=当年实际住院总费用÷当年实际住院总人次数

=13 000万元÷18 850=6896.55元

当年实际人次人头比增幅=(1.2161−1.2143)÷1.2143=0.15%

当年实际次均费用增幅=(6896.55−7058.82)÷7058.82=−2.30%

5. 预算总额的调整

年终清算时，预算总额根据有效服务变化情况进行调整，调整原则为：①预算指标增幅小于零的，小于部分奖励 50%；②预算指标增幅大于年初设定标准的，高出部分医保支付 30%；③预算指标增幅在零至年初设定值之间的，按年初设定值计算，不做调整。

由上述计算可知，A 医院当年住院人次人头比控制在预算增幅范围内，按年初设计值计算；次均费用增幅为负，增幅小于零的部分可获得 50%的奖励，则年终清算时有效的预算考核指标为

住院人次人头比清算指标=年初人次人头比预算指标=1.2289次 / 人

住院次均费用清算指标=年初次均费用预算指标×调整系数

$$=7164.70 \times \left[1 + (-2.30\%) \times 50\%\right] = 7082.31元$$

调整后当年预算总额=当年实际人次数×人次人头比清算指标

×次均费用清算指标

$$=15\ 500 \times 1.2289 \times 7082.31 = 13\ 490.35万元$$

6. 实际医疗费用与预算额差额的处理

当年实际发生住院一般医疗费用为 13 000 万元，占本年度决算指标的 96.37%。鉴于费用发生在决算指标 80%至 100%（含）的，根据规定，差额部分应按 60%的比例增加决算额，并按基金支付比例支付：

$$增加的医疗费用决算额 = (调整后的预算总额 - 实际发生的费用总额)$$
$$\times 结余奖励比例$$
$$= (13\,490.35 - 13\,000) \times 60\% = 294.21 万元$$
$$增加的基金支付额 = 增加的医疗费用决算额 \times 实际补偿比$$
$$= 294.21 \times 78.06\% = 229.66 万元$$

7. 本年度一般住院医疗费用决算总额的确定

本年度的决算总额，作为下一年度一般住院医疗费用预算基数。

$$本年度一般住院总医疗费用决算总额$$
$$= 调整后预算总额 + 增加的医疗费用决算额$$
$$= 13\,490.35 + 294.21 = 13\,784.56 万元$$

8. 住院特殊医疗费用的决算

达到次均住院费用 3 倍以上的费用按实际发生额度确定决算额（按项目支付），合计金额为 7000 万元。

9. 本年度住院医疗费用决算总额

$$本年度住院医疗费用决算总额$$
$$= 一般住院费用决算额 + 住院特殊医疗费用决算额$$
$$= 13\,784.56 + 7000 = 20\,784.56 万元$$

案例 6-1 的假设中，在总额预算下，A 医院较好地控制了次均住院费用，且提供住院服务的人头数增加，因此获得基金激励金额 229.66 万元。

案例 6-2　B 医院——服务能力下降，同步下调预算额

1. B 医院上一年住院情况

假设本市定点医疗机构 B 医院上一年住院人数为 6500 人，住院人次为 8500 人次，住院医疗费用总额为 10 000 万元，次均住院费用为 11 765 元，其中达到次均住院费用 3 倍（35 295 元）以上的住院医疗费用合计为 3500 万元。扣除达到次均住院费用 3 倍以上的住院医疗费用后，一般住院医疗费用为 6500 万元，一般住院人数为 6000 人，一般住院人次数为 7000 人次。

住院特殊医疗费用按实结算并支付。扣除达到次均住院费用 3 倍以上的特殊费用后，剩余的住院医疗费用按一般费用计算如下：

$$一般住院人数 = 6000人$$
$$一般住院人次 = 7000人次$$
$$一般住院人次人头比 = 住院总人次数 \div 住院总人数$$
$$= 7000 \div 6000 = 1.167次 / 人$$
$$一般住院次均费用 = 总住院费用 \div 住院总人次数$$
$$= 6500万元 \div 7000 = 9285.71元$$

2. 年初确定一般住院医疗费用预算指标

联席会议确定当年度一般住院医疗费用预算指标增长率为：假设住院人次人头比增长率为 1.2%，次均费用增长率为 1.5%，则本年度一般住院医疗费用预算考核指标为

$$人次人头比预算指标 = 上一年住院人次人头比 \times 本年度指标增长情况$$
$$= 1.167 \times (1 + 1.2\%) = 1.181次 / 人$$
$$次均费用预算指标 = 上一年住院次均费用 \times 本年度指标增长情况$$
$$= 9285.71 \times (1 + 1.5\%) = 9425.00元$$

当年的住院人数预计与上一年相同，暂不考虑增长。

3. 确定住院一般费用预算额指标

$$B 医院当年住院总额预算指标$$
$$= 上一年住院人数 \times 人次人头比预算指标 \times 次均费用预算指标$$
$$= 6000 \times 1.181 \times 9425 = 6678.56万元$$

4. B 医院当年度实际住院医疗情况

假设 B 医院当年度实际住院人数为 6600 人，住院人次为 8800 人次，住院医疗费用总额为 12 000 万元，次均费用为 13 636.36 元，医保范围内基金支付比例为 82.0%。其中，达到次均住院费用 3 倍（40 909.08 元）以上的住院医疗费用合计为 4500 万元。扣除达到次均住院费用 3 倍以上的住院医疗费用后，一般住院医疗费用为 7500 万元，一般住院医疗费用人数为 6100 人，一般

住院医疗费用人次为 7300 人次。

$$一般住院人数 = 6100 人$$
$$一般住院人次 = 7300 人次$$

当年一般住院实际人次人头比

$$= 当年实际住院总人次数 \div 当年实际住院总人数$$
$$= 7300 \div 6100 = 1.197 次 / 人$$

当年一般住院次均费用 = 当年实际住院总费用 ÷ 当年实际住院总人次数

$$= 7500 万元 \div 7300 = 10\,273.97 元$$

当年实际人次人头比增幅 $= (1.197 - 1.167) \div 1.167 = 2.57\%$

当年实际次均费用增幅 $= (10\,273.97 - 9285.71) \div 9285.71 = 10.64\%$

5. 预算总额的调整

根据前述预算总额的调整原则，B 医院实际的人次人头比和次均住院费用均超过了年初设定的增幅，高出部分认可 30%，则 B 医院年终清算时有效的预算考核指标为

住院人次人头比清算指标

$$= 人次人头比预算指标 \times 超出预定增幅后的调整系数$$
$$= 1.181 \times \left[1 + (2.57\% - 1.2\%) \times 30\% \right] = 1.186 次 / 人$$

住院次均费用清算指标

$$= 年初次均费用预算指标 \times 超出预定增幅后的调整系数$$
$$= 9425.00 元 \times \left[1 + (10.64\% - 1.5\%) \times 30\% \right] = 9683.43 元$$

调整后预算总额 = 当年实际人数 × 人次人头比清算指标 × 次均费用清算指标

$$= 6100 \times 1.186 \times 9683.43 = 7005.57 万元$$

6. 实际医疗费用与预算额差额的处理

本年实际发生住院一般医疗费用为 7500 万元，占本年度决算指标的 107.06%。鉴于费用发生超过调整后的预算，根据规定，超过调整后预算额部分采用分段累计的方法计算，并按住院基金支付比例 82.0% 支付。

超过调整后预算指标 5%（含）以下的，超过部分按照 30% 的比例增加：

$$7005.57 \times 5\% \times 30\% = 105.08 万元$$

超过调整后预算指标 5% 至 10%（含）的，超过部分按照 20% 的比例增加：

$$7005.57 \times (7.06\% - 5\%) \times 20\% = 28.86 万元$$

合计增加决算额 $= 105.08 + 28.86 = 133.94 万元$

增加基金支付额 $= 133.94 \times 82.0\% = 109.83$ 万元

7. 本年度一般住院医疗费用决算总额的确定

本年度的决算总额，作为下一年度一般住院医疗费用预算基数。

本年度一般住院总医疗费用决算总额

= 调整后预算总额 + 增加的医疗费用决算额

$= 7005.57 + 133.94 = 7139.51$ 万元

8. 住院特殊医疗费用的决算

达到次均住院费用 3 倍以上的费用按实际发生额度确定决算额（按项目支付），合计金额为 4500 万元。

9. 本年度住院医疗费用决算总额

本年度住院医疗费用决算总额

= 一般住院费用决算额 + 住院特殊医疗费用决算额

$= 7139.51 + 4500.00 = 11\,639.51$ 万元

案例 6-2 的假设中，在总额预算下，B 医院实际服务的人数较前一年增加，且每患者的平均住院次数（复诊率）和次均住院费用上升，两项考核指标均控制不理想，医院需自行承担医疗费用 295.60 万元。

具体计算公式为

$7005.57 + 109.83 + (7500 - 7005.57) \times (1 - 82.0\%) - 7500 = -295.60$ 万元

（三）配套措施

为促进总额预算的实施，杭州市建立了三项配套机制，主要如下。

1. 建立联席会议制度

杭州市在实行支付制度改革的过程中，由市政府明确建立联席会议制度，集体决策，控制管理风险。基本医疗保险费用结算管理联席会议由医疗保障部门（之前为人力资源和社会保障部门）牵头，杭州市发展和改革委员会、财政局、卫生健康委员会（原为卫生局）等部门参加，研究协调医疗费用结算管理过程中的重大问题，如预算指标和决算指标的确定等。

2. 建立分担机制

支付制度改革必须配套相应的分担机制，对定点医疗机构实行"奖惩并重"，通过奖惩激励机制促使医院不断规范医疗服务行为。医疗机构当年医疗费发生指标低于年初下达预算指标的，医疗机构分享差额部分；高于年初下达的预算指标的，超过部分医疗机构分担一定的责任。通过这种激励约束机制，促进定点医疗机构由过去注重业务扩张的外延式发展转为加强自我管理、主动管理的内涵式发展，合理控制成本。

3. 建立监督机制，智能审核辅助

为配合支付制度改革，杭州市对原有的《杭州市基本医疗保障违规行为处理办法》进行了重新制定，明确了对各类骗取医保基金的违规行的处罚措施，并对医疗机构的浪费行为给予了相应的处罚。

为对医疗服务供方的行为进行有效监管，杭州市自2012年开始通过计算机智能审核系统对医疗服务行为进行审核。智能审核系统建立了三个标准基础信息数据库：①定点医院的标准数据库，包括参保患者治疗信息（患者信息、药物信息、治疗信息、医院信息、诊断信息、医疗费用、特殊注意事项等）；②标准审计数据库，包含医疗机构基本信息（药品数据库、服务数据库、诊断数据库、卫生机构数据库、医师数据库、人员信息数据库、覆盖标准数据库）；③医保监管规则数据库（结算监管、审核监管、监测规则、总额预算等）。智能审核系统于2012年8月试点，2013年2月正式启用，2014年1月实现实时监控，2014年7月智能审核纳入杭州医疗保险监管平台。通过智能审核系统，对患者在就诊期间获得的医疗服务进行实时监管，对重点药品使用情况进行动态实时监控，不仅对规范医生医疗服务行为起到了积极的推动作用，同时也有助于减轻参保人员的疾病经济负担。

三、实施成效

（一）医疗服务趋于合理，费用得到有效控制

1. 人次人头比保持稳定，次均费用增幅得到控制

杭州市总额预算制改革在实施一年后就显现了管理成效：2010年全年医疗费的增幅较往年明显好转，尤其是复诊率（人次人头比）低于年初设定标准，医疗机构总体诊疗技术水平有所提高，参保人员基本医疗服务得到较好保障。同时，

门诊、住院的次均费用增幅也低于往年，表明医疗费用无序增长的趋势得到了较好的控制（表 6-1）。总额预算支付制度的控费效果在 2011 年表现得更为明显，年门诊次均费用与 2010 年同期相比增幅仅为 0.56%，一般住院次均费用与 2010 年同期相比增幅为-4.58%。

表 6-1　2009~2010 年杭州市职保门诊、住院人次和费用情况

年度	门诊				住院			
	人头数	人次数	人次人头比	次均费用	人头数	人次数	人次人头比	次均费用
2009 年	2 498 236 人	8 992 754 人次	3.59 次/人	207.71 元	125 514 人	160 545 人次	1.28 次/人	13 475.75 元
2010 年	2 765 432 人	9 987 359 人次	3.61 次/人	232.11 元	139 984 人	182 379 人次	1.30 次/人	13 811.47 元
增幅	10.70%	11.06%	0.56%	11.75%	11.53%	13.60%	1.56%	2.49%

2. 人均费用增长率下降

实施总额预算之后，杭州市职工医疗保险人均费用增长率呈下降趋势，年人均医保费用增长率由 2009 年的 26.1%下降为 2011 年的 4.1%（图 6-1）。

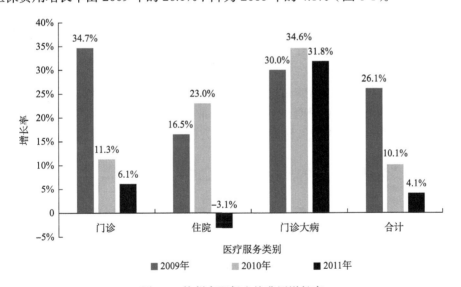

图 6-1　杭州市职保人均费用增长率

3. 基金支出增速下降

在实施总额预算的当年，基金支出增长速度由实施前的 32.06%下降到 2010 年的 26.07%（图 6-2），环比下降近 6 个百分点，到 2011 年基金支出增长速度进一步下降为 13.79%，环比下降约 12 个百分点。

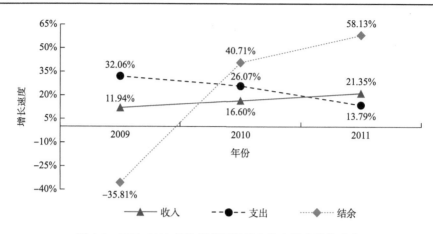

图 6-2　　2009~2011 年杭州市医保基金收支结余增长速度

（二）医疗机构逐步理解和支持支付制度改革，加强内部管理

各定点医疗机构认为，总额预算支付制度"承认历史"的做法较为合理，具体考核指标的确定也较为科学，普遍都表示理解并接受。实施医保支付制度改革后，医院对医保工作的重视程度明显提高，认识到医保基金的支付额才是医院收入的重头。医院积极主动地开展质量和成本控制等内部管理，可以从医保经办机构获得含金量更高的收益。各定点医疗机构从院领导到财务部门、医保办和临床科室的工作人员都在学习新的结算办法。医院不断加强与医保经办机构的沟通联系，强化和完善医院内部管理，通过加强培训、制定规章制度，逐步规范了医生的医疗服务行为，进而在控制医疗费用增长方面发挥了重要作用。

（三）"奖惩并重"的分担机制初见成效

2010 年，杭州市下达预算管理指标的定点医疗机构共 134 家（含三级及相应医疗机构 24 家，二级及相应医疗机构 26 家，其他医疗机构 84 家），下达预算指标单位的基金支付总额占本统筹地区基金支付总额的 73.62%。通过对 2010 年预算指标的决算和清算，共激励医疗机构 42 家（其中，三级 8 家，二级 13 家，其他 21 家），激励金额总计为 1156.32 万元；分担经济责任的医疗机构共 65 家（其中，三级 8 家，二级 11 家，其他 46 家），占纳入总额预算管理医疗机构的 48.5%，承担 1954.26 万元。2011 年，纳入预算管理的定点医疗机构增加为 224 家，年终清算超预算数的医疗机构 68 家，占纳入总额预算管理医疗机构的 30%。

四、经验与启示

（一）科学设定预算总额指标

杭州市总额预算的设定方式较为科学，在尊重历史事实的基础上，引入人次人头比和次均费用这两个考核指标，在控制次均费用增长的同时也有效控制了医疗机构片面关注次均费用而分解人次的行为，从而对总支出进行了合理预算。在年初设定增幅标准，年末根据上述两项指标的控制情况，设有预算调整机制，承认由吸引更多患者人数而导致的费用合理增长，对次均费用和人次人头比控制得较好的机构在总额预算中给予奖励，从而确定最终结算额。通过对就诊人次人头比的考核，鼓励医疗机构通过提升服务质量和医疗技术水平，提高参保人员满意度和认可度来吸引病人、增加服务量；通过对次均费用指标的控制，鼓励医疗机构提高诊疗质量、降低次均费用、缩短住院床日数，初步达到减少医疗资源浪费的目的。

同时，杭州市医保对于定点医疗机构的预算总额口径是医疗机构总医疗费用，而非医保政策范围内的医疗费用，有效防止了医疗机构将部分医疗费用转嫁为病人自付、增加患者费用负担的情况。

（二）"奖惩并重"的激励机制，对医疗机构产生正向激励

杭州市的总额预算在设计中有两重"奖惩并重"的激励机制：第一重激励是总额预算年终调整时，对人次人头比和次均费用两项指标增幅小于 0 的医保给予50%的奖励，增幅大于年初设定标准时医保只分担 30%，即在总预算额的设定中明确了奖惩原则，确定决算额。第二重激励是年终费用结算中，对医疗机构实际发生费用达到决算额 80%~100%的部分，对结余给予 60%的奖励，让医疗机构在获得足额补偿的同时，分享因加强管理、提高效率获得的医保资金结余。通过"奖惩并重"的激励机制构建，鼓励医疗机构通过提供优质服务吸引更多患者，通过提高服务合理性和服务效率、减少浪费控制成本，获得更多的医保结余分享。

（三）较为完善的配套措施支撑总额预算的实施

除设计科学合理的总额预算支付方式外，较为完善的配套措施是确保支付方式落实的重要支撑。杭州市通过医保、卫生、财政等各部门之间的联席会议协调总额预算中的重大问题，医保部门和定点医疗机构之间保持着良好的沟通渠道，

良好的信息系统和智能审核也为总额预算实施过程中的监测与评价提供了数据支撑。这些配套措施可供其他地区在实施总额预算时参考和借鉴。

<h1 align="center">第四节　珠海市按人头支付改革</h1>

一、改革背景

珠海市作为经济特区，在国内较早开始医疗保险制度改革探索。1998年，珠海市实现医疗保险市级统筹，公务员纳入基本医疗保险，实现机关事业单位职工由公费医疗向医疗保险转轨。2001年，建立外来劳务人员大病医疗保险，外来务工人员自身不缴纳费用，企业以最小的成本解决了外来务工人员的医疗保障问题。2004年开始探索机关事业单位职工子女统筹医疗，并于2006年9月在全市推广未成年人医疗保险，城乡未成年人在缴费标准、待遇水平上实现统一。2008年在全国较早实现新型农村合作医疗制度与城乡居民医疗保险制度并轨，消除了城乡差距，实现了城乡居民医疗保险待遇均等化。2013年，打破户籍壁垒，允许市外户籍人员参加城乡居民基本医疗保险。

珠海市于2009年7月1日开始实施《珠海市社会基本医疗保险普通门诊统筹暂行办法》，建立起了覆盖所有基本医疗保险参保人的普通门诊统筹制度，保障参保人除门诊特定病种以外疾病的门诊医疗。医疗保险制度对普通门诊医疗服务的管理难点在于门诊医疗费用发生的频率高、数量大、监管难度大，而医疗水平的高低和医疗费用控制的关键环节在于医疗服务供方。为保障参保人员获得所需的门诊服务，同时确保门诊服务费用合理可控，珠海市借鉴国际管理式医疗的经验，实行普通门诊费用总额预算下的按人头支付方式，由基层医疗卫生机构对签约参保人提供集健康教育、健康管理、基本医疗服务于一体的整合式医疗服务，控制医疗费用，结余归己，超支适当补偿，让医疗机构和医务人员既是医疗服务的提供者又是医疗费用的管理者，促进医疗机构提供合理适宜的医疗服务。

二、主要做法

珠海市门诊统筹按人头付费的主要做法如下[12]。

（一）门诊统筹服务包设计

1. 门诊统筹支付范围

珠海市将符合基本医疗保险支付范围的药品，医疗服务设施，普通门诊诊查费，血、尿、粪三大常规检查，生化检查，黑白B超，心电图及其他符合国家规定的社区卫生服务中心应提供的诊疗项目全部纳入门诊统筹报销范围。其中，药品目录采用基本医疗保险药品目录，而不是单独设定较为局限的门诊统筹药品目录和基本药物目录，有利于医疗机构根据患者情况合理诊治，保障患者对常用药品的可及性。

2. 门诊统筹报销比例及限额

参保人在选定的门诊统筹定点机构就医发生符合规定的费用基金支付70%，不设起付线和封顶线。因病情需要经门诊统筹定点机构转诊或急诊的，基金支付50%，社保年度内转诊及急诊待遇支付限额合计1500元（含自付部分）。

2017年底，珠海市印发了《珠海市全面推进家庭医生签约服务制度实施方案（试行）》，将家庭医生团队签约服务、三师团队①签约服务与医保门诊统筹工作有机结合，在家庭医生签约时选定了付费服务包的参保人，普通门诊统筹报销比例由70%提高至75%。

3. 高血压、糖尿病分级诊疗报销比例及限额

为推进家庭医生签约服务和分级诊疗制度改革，珠海市于2016年5月出台了《关于基本医疗保险实施高血压、糖尿病分级诊疗有关问题的通知》，开始实施高血压、糖尿病"两病"分级诊疗试点。实施"两病"分级诊疗后，凡是符合"两病"诊断标准的新增参保患者，统一纳入普通门诊统筹管理，不再进行医保门诊特定病种认定。原已认定"两病"门诊特定病种的参保人，如选择纳入普通门诊统筹管理签约三师团队后，其符合规定的费用由基金支付70%，比按门诊特定病种管理时报销比例提高10个百分点，且医疗费用报销无封顶线。与基层医疗卫生机构签约的高血压、糖尿病患者，其相关待遇如表6-2所示。

---

① 三师团队为由社区家庭医生、社区护士和上级医院专科医生组成的协作团队，为高血压、糖尿病患者提供诊疗、慢病随访及转诊服务。

表 6-2　高血压、糖尿病分级诊疗待遇表

医保支付待遇	门诊统筹定点机构	定点二级医院	定点三级医院	急诊、转诊
统筹基金支付比例	70%	50%	50%	急诊 70%，转诊 50%
统筹基金支付限额	无	社保年度内"两病"及普通门诊的转诊和急诊待遇支付限额合计为 1500 元（含自付部分）		

（二）定点就医管理

珠海市门诊统筹采取"首诊定点到社区"的就医管理模式，即参保人根据个人意愿，在本市门诊统筹定点的社区卫生服务机构或镇卫生院中选择一家作为门诊就医机构，每年度选择一次，下一年度参保人可重新选择定点医疗机构。2017 年，门诊统筹定点机构有 91 家共 200 多个服务网点，可为参保人提供方便快捷的医疗服务。

（三）按人头支付标准及结算方法

1. 人头费标准的确定

珠海市普通门诊统筹启动之初，人头费标准定为按每人每年 100 元，参保人在选定的门诊统筹定点机构发生的医疗费用个人月定额结算额度统一为每人每月 8 元（4 元调剂使用）。然而，由于不同年龄段的人群卫生服务利用情况存在差异，对一些疾病高发年龄段人员，如"一老一小"人员签约较多的定点机构来说，分配的医保费用额度明显不足，有失公平。为此，2012 年珠海市医保部门根据门诊统筹制度运行 3 年来不同年龄签约人的医疗消费数据差异，采用聚类法将医疗消费水平相近的参保人群归为一类，按年龄共分为五组，重新分配年人头费结算额度，并根据基金运行情况进行调整。2016 年，为推进"两病"分级诊疗工作的开展，珠海市两次提高门诊统筹按人头支付标准。目前实施的按人头支付各年龄组结算额度见表 6-3。

表 6-3　珠海市按人头支付各年龄组结算额度

服务人群	年龄/岁	人均年结算额度/元
第一组	0，14~25	62
第二组	1，10~13，26~32，90 及以上	117
第三组	2，7~9，33~52，88，89	234
第四组	6，53~64，81，83~87	301
第五组	3~5，65~80，82	376

注：原认定的高血压、糖尿病门诊特定病种参保人选择按普通门诊统筹管理的，按患一种疾病每人每年 3300 元，同时患两种疾病每人每年 4200 元计算额度

2. 结算与清算

珠海市门诊统筹对医疗机构的费用实行"总额预算，定额结算"的原则按月结算，年度清算，并建立"结余留用，超支分担"的激励约束机制。

医保部门根据每个参保人的月定额结算额度及门诊统筹定点机构签约服务的参保人数，计算出该定点医疗机构的月结算额度，在月结算额度内每月与门诊统筹定点机构结算。

在每一个医保年度结束后，门诊统筹定点机构的年门诊医疗服务费使用在年结算额度相应比例的，按以下办法清算。

（1）在92%以内的，据实结算。

（2）在92%（含）~96%的，除据实结算外，92%（含）~96%的结余费用的50%及96%（含）~100%的费用给门诊统筹定点机构。

（3）在96%（含）~100%的，100%给门诊统筹定点机构，即费用使用在92%（含）~100%的，最高给予6%的激励。

同时，由签约人数、疾病构成差异等造成超支的，在当期统筹基金结余的情况下，给予适度补偿，补偿原则为以下几点。

（1）超支1%（含）之内的部分不予补偿。

（2）超支1%~5%（含）的部分，按不超出70%的比例补偿。

（3）超支5%~10%（含）的部分，按不超出50%的比例补偿。

（4）超支10%以上的部分不予补偿。

（四）监督措施

珠海市重点针对按人头支付方式的缺陷，如定点医疗机构可能出现提供服务量不足、服务质量下降和不合理使用医疗费用等情况，采取系统化的监管手段，设立门诊统筹定点医疗机构管理量化考核指标，日常检查及年终检查得分各占50%。同时，将对定点医疗机构的年度考核结果与超支补偿比例挂钩：年度考核评分90分以上（含90分）的，按超支补偿比例补偿；年度考核评分90分以下的，每低1分在相应的超支补偿比例基础上减1个百分点；70分以下的，超支不予补偿。

三、实施成效

珠海市实施门诊统筹后，基层医疗卫生机构签约人数稳步增加，每年约增加3万签约者。2013~2015年珠海市门诊统筹次均费用控制较好，次均门诊费用不超过 70 元，年均增幅在 10%以下；签约者年人均门诊费用也控制较好，2015 年签约者在基层医疗卫生机构就诊的年人均门诊费用为 110.6 元（表 6-4）。2016 年为推进"两病"分级诊疗改革，两次提高了按人头支付的结算标准，费用出现明显增长。2015~2017 年珠海市门诊统筹签约者年人均就诊次数较为稳定，为 2.5 次左右，2017 年略有下降（表 6-5）。

表 6-4　珠海市门诊统筹签约及医疗费用情况

年份	签约人数/万人	较上一年增幅	基金支出/万元	较上一年增幅	次均门诊费用/元	较上一年增幅	年人均门诊费用/元	较上一年增幅
2013	90.8	—	8 410	7.13%	59.1	−1.99%	92.6	—
2014	93.1	2.53%	9 281	10.36%	61.9	4.74%	99.7	7.67%
2015	96.3	3.44%	10 651	14.76%	67.2	8.56%	110.6	10.93%
2016	100.9	4.78%	12 263	15.13%	75.4	12.20%	121.5	9.86%
2017	103.6	2.68%	15 767	28.57%	96.5	27.98%	152.2	25.27%

表 6-5　珠海市门诊统筹年人均诊次

年份	就诊人次/万人	签约人数/万人	年人均诊次/次
2015	246.8	96.3	2.56
2016	254.9	100.9	2.53
2017	249.3	103.6	2.41

2017 年，在珠海市实施门诊统筹按人头支付的 87 家定点基层医疗卫生机构中，有 76 家定点基层医疗卫生机构（占 87.36%）未超支，11 家机构（占 12.64%）存在超支情况，门诊统筹总体费用支出控制较好。但需要注意的是，门诊统筹定点机构对费用额度的总体使用率不高，2017 年医保年度仅为 69%，部分机构额度使用率低于 50%，提示可能存在提供服务不足的情况，尤其是随着分级诊疗的实施，部分医疗机构在签约新增"两病"患者后担心费用超支，可能存在服务不足的情况。

四、经验与启示

（一）考虑疾病风险，根据年龄设定人头费标准

珠海市基本医疗保险在国内较早开始探索门诊按人头支付，并不断改进人头费标准的制定方法。由于参保人自身的疾病风险情况将对其卫生服务利用及费用

产生影响,珠海市于 2012 年开始探索在人头费制定中纳入对参保者年龄因素的考量,在聚类分析的基础上将参保者划分为五个年龄区间,对疾病风险更高的年龄组给予更高的人头费支付标准;并在实施几年后结合纳入人群的新变化,对人头支付标准进行动态调整,从而对医疗服务供方给予合理的激励,减少供方出现不与疾病风险高的参保人签约的风险选择行为。这种精细化的门诊按人头支付管理在国内尚不多见,值得其他地区借鉴。

（二）按人头支付与分级诊疗改革相结合，促进基层医疗卫生机构的发展

按人头支付的对象主要为基层医疗卫生机构,而基层医疗卫生机构也正是分级诊疗制度改革的核心和基础。医疗保险对基层医疗卫生机构的按人头支付,一方面可以通过定点签约管理引导更多参保者下沉到基层就医,为基层医疗卫生机构保留更多固定的服务人群;另一方面可以通过制定合理的支付标准对基层医疗卫生机构给予经济激励,调动供方的主观能动性,转变为以签约者为中心的服务模式,主动关注签约者的健康管理,为患者提供更有效的、六位一体的整合式保健服务。这不仅对基层医疗卫生机构提供了资金支持,更促进了其服务能力的提升和服务模式的升级。

珠海市的门诊统筹按人头支付与分级诊疗改革紧密配合,不仅在参保者报销待遇上对"两病"患者给予倾斜,在按人头支付标准上也考虑到新"两病"患者签约基层后对医疗机构支出的影响,几次调整了按人头支付的标准,使其更加科学合理,从而对基层医疗卫生机构给予有效激励。

（三）门诊按人头支付建议结合按绩效支付，以改善服务质量

按人头支付这种支付方式的主要缺陷是可能导致服务供方减少合理服务的提供,从而影响服务的数量和质量。因此,医保部门需要对供方的服务行为和结果加强监管,并将一定比例的支付金额与绩效结果相关联,从而保证服务质量。珠海市对基层医疗卫生机构的按人头支付配套了相应的对定点医疗机构的监管和考评措施,并将考评结果与超支分担的比例相挂钩,在一定程度上保障了参保人获得基层服务的质量。需要注意的是,珠海市有部分基层医疗卫生机构对门诊统筹资金的使用率较低,可能存在服务不足的情况,因此在绩效考核部分建议增加对必要服务量、上转情况等的考核。

第五节 天津市糖尿病按人头支付改革

一、改革背景

天津市于 2001 年 11 月开始实施城镇职工基本医疗保险制度，2007 年开始城镇居民基本医疗保险试点，2010 年 1 月天津市率先在全国对城乡居民医疗保险制度进行整合。天津市基本医疗保险在支付制度方面实施支付总额管理，在预算总额下实施按人头、按病种、按床日、按项目等多种支付方式[13]。

糖尿病是一组以高血糖为特征的代谢性疾病，易导致各种组织，特别是眼、肾、心脏、血管、神经的慢性损害和功能障碍，降低患者生活质量并造成严重的经济负担。根据国际糖尿病联盟的数据，2017 年糖尿病患者相关费用为人均 1736 美元。糖尿病患者的常规治疗方式为在门诊获得持续性的药物治疗。天津市医保部门为切实减轻糖尿病患者门诊费用负担，分别于 2001 年和 2007 年将城镇职工和城镇居民糖尿病门诊费用纳入门诊特定病种保障范围；2012 年 1 月 1 日起，对纳入糖尿病门诊特定病种保障的患者实行就医准入管理，糖尿病患者需到门诊特定病种鉴定机构进行鉴定，到医保部门登记确认，并按照就近、方便的原则，选择三级医院、二级医院、一级医院或定点零售药店各一家作为定点就医机构。截至 2017 年 5 月，天津市鉴定登记的糖尿病门诊特殊病种（简称门特）患者为 39.3 万人。

天津市糖尿病门特保障水平高、支付限额高，导致了医保基金支出的不合理增长。2011 年天津市糖尿病门特医保总支出超过 15 亿元，人均医保支出 10 714 元[14]。加上人口老龄化导致慢性病患者增多，以及参保者健康意识增强需求释放等原因，糖尿病门特费用逐年增加，对医保基金可持续性带来巨大挑战。

为应对糖尿病门特保障中的挑战，在人力资源和社会保障部《关于进一步推进医疗保险付费方式改革的意见》（人社部发〔2011〕63 号）的指导下，天津市自 2014 年 1 月 1 日起对糖尿病患者门诊服务探索实行按人头支付改革，在南开区三潭医院正式启动"糖尿病门特按人头支付"试点工作，后扩展至 31 家一级和二级医疗机构，是全国范围内在县级及以下医疗机构门诊慢性病保障领域的率先试点。

二、主要做法

天津市糖尿病按人头付费的主要做法如下。

（一）定点就医准入管理

天津市参加城镇职工或城乡居民基本医疗保险的参保人员，经糖尿病门诊鉴定机构鉴定，并登记确认为糖尿病门特的患者，可自愿参加按人头支付试点。每名糖尿病患者选定 1 家一级或二级试点医疗机构，签订年度定点就医协议，协议年度内需在定点医院治疗糖尿病。试点医疗机构不得以任何理由拒绝符合条件的参保人员参加试点。

（二）参加试点的糖尿病患者待遇

1. 普通糖尿病门特患者待遇

为减轻天津市糖尿病患者门诊负担，天津市先后在城镇职工医保和城乡居民医保制度中将糖尿病费用纳入门诊保障范围，由统筹基金给予报销。不同保险、不同人群的起付线、报销比例和支付限额有差别，2018 年具体报销水平如表 6-6 所示。

表 6-6   2018 年天津市门特患者不同医保类型报销比例

项目		起付标准	报销比例			最高支付限额
			一级医院	二级医院	三级医院	
城乡居民	学生儿童	500 元/年(一个年度内分别发生住院和门诊特病治疗，或者发生两种以上门诊特病,合并执行一个起付标准)	65%	60%	55%	18 万元（与住院合并计算）
	成年人 高档（1600 元筹资）		65%	60%	55%	
	中档（1270 元筹资）		60%	55%	50%	
	低档（1010 元筹资）		55%	50%	45%	
城镇职工	在职	1300 元/年（同时发生住院或两种及以上特殊病，按就高原则合并起付线）	5.5 万元以下报 85%，5.5 万~15 万元报 80%			15 万元
	退休		5.5 万元以下报 90%，5.5 万~15 万元报 80%			

资料来源：天津市人力资源和社会保障局《关于印发 2018 年度居民基本医疗保险宣传提纲的通知》（津人社办发〔2017〕267 号）；天津市社会保险基金管理中心《城镇职工门诊特殊病就医指南（糖尿病）》，https://hrss.tj.gov.cn/jsdw/tjsshbxgjjglzx/xinwendongtai8/202009/t20200907_3635649.html

2. 试点患者的特别待遇

自愿参加按人头支付的签约患者，除享受一般糖尿病门诊患者待遇外，还可获得以下特别待遇。

（1）突破医保三个目录限制。按照现行政策，办理了糖尿病门特鉴定登记的患者，降血糖药品只能选择规定的 18 种西药和 6 种中成药，而签约参加按人头支付的糖尿病门特患者，可以不受上述用药目录的限制，甚至在需要的时候可以使用三个目录以外的药品和服务，需由医疗机构提前向医保部门备案并上传明细。

（2）无须患者垫付资金。为控制违规行为和不合理的医疗费用，天津市糖尿病门特报销政策中规定，在一个年度内发生的药品费用超过 10 000 元的，不再实行联网报销，超过部分先由个人垫付，年终一次性报销。签约参加按人头支付的糖尿病门特患者可不受该条款约束，全年可使用医保卡刷卡结算，无须垫付资金，仅需要与医疗机构结清个人负担的医疗费用即可。

（3）个人经济负担可控。医保部门对试点医疗机构开展考核，参保人员个人负担水平作为指标之一纳入考核指标体系，与医疗机构年底决算金额相关联。因此，患者个人的经济负担水平将得到有效控制。

（三）人头费支付标准

天津市按人头支付标准是按照全市近三年平均支付水平、参考职工医保和居民医保报销比例，分别测算职工、退休人员、学生儿童、成年居民和老年居民等各类人群的糖尿病门特人头支付标准。2015 年城乡居民按人头年支付标准为：非医疗救助对象在 1900~5200 元，医疗救助对象在 6300~9100 元。城镇职工年支付标准为：非医疗救助对象在 10 800~13 100 元，医疗救助对象在 15 300~15 500 元，具体如表 6-7 所示。

表 6-7　2015 年天津市按人头支付试点医院糖尿病门特人员支付标准

险种	人员类别		人头费用标准/元
职工医保	在职人员	非医疗救助人员	10 800
		医疗救助对象	15 300
	退休人员	非医疗救助人员	13 100
		医疗救助对象	15 500
	老工人和退休劳模		12 300
居民医保	学生儿童	非医疗救助人员	1 900
		医疗救助对象	6 300
	成年人（高档缴费）	非医疗救助人员	5 200
		医疗救助对象	9 100
	成年人（中档缴费）	非医疗救助人员	3 400
		医疗救助对象	6 500
	成年人（低档缴费）	非医疗救助人员	2 300
		医疗救助对象	8 300

天津市人力资源和社会保障局于2018年5月发布《关于进一步完善糖尿病门诊特定疾病按人头付费结算方法的通知》（津人社办发〔2018〕138号），进一步完善了合理确定人头费的方法。自2018年7月起，以糖尿病患者首次签约参加按人头支付的上一自然年度的糖尿病门特医疗费用为基础，按照职工医保和居民医保两个险种，分别核定定点服务机构的糖尿病人头费用。同时，为保障糖尿病患者合理诊疗和定点服务机构合理利益，根据上一自然年度全市糖尿病患者门特费用分布情况（职工医保、居民医保分别核算），分别以第二十五百分位数、第七十五百分位数，作为核定糖尿病人头费用的最低值和最高值。患者上一自然年度的糖尿病门特医疗费用低于最低值的，按照最低值纳入定点服务机构糖尿病人头费用核定范围；超出最高值的，按照最高值纳入核定范围。

（四）结算及清算

医保经办机构以年度预算医疗费总额为基础，按月向试点医院拨付糖尿病门特按人头医保费用。签约患者经试点医院同意转诊到上级机构发生的糖尿病门特费用，由试点医院承担；签约患者未经试点医院转诊，自行到其他定点医疗机构急诊发生的糖尿病门特费用，不纳入医保支付范围。医保经办机构对定点医疗机构糖尿病门特按人头支付的结算，不纳入定点医疗机构医保总额预算指标核算范围。

每一个医保年度，医保经办机构根据协议考核和监督检查情况，按照"结余留用、超支不补"的原则，对定点医疗机构糖尿病按人头支付的医疗费用进行年终清算。定点医疗机构实际发生费用低于人头费用的，结余部分原则上由定点医疗机构留用；实际发生费用超过人头费用的，超出部分原则上由定点医疗机构承担。其中，定点医疗机构的质量控制指标不达标的，医保经办机构可根据协议约定适当核减其人头费用；定点医疗机构发生严重违规行为的，原则上不实行结余留用。

（五）监督考核

按人头支付试点机构按照医保政策规定和定点就医协议约定，为签约患者建立、使用、维护和管理健康电子档案，以及提供合理有效的糖尿病诊疗和健康教育等服务，规范诊疗服务行为，保障医疗服务质量，合理控制医疗成本，减轻签约患者负担。

医保经办机构负责糖尿病按人头支付的推动和日常管理工作，并纳入医保服务协议管理，明确双方权利义务和各项质量控制指标，完善科学合理的考核评价体系并强化考核。其中，质量控制指标包括住院率、个人负担率、定点就医协议变更率及主要医疗质量控制指标等内容。同时，加强糖尿病门特运行分析，对不

同支付方式下定点服务机构糖尿病门特费用、患者负担水平等进行比较，定期向
社会公布，为参保人员就医选择提供参考。

医保监督检查机构将糖尿病按人头支付纳入监督检查范围，科学设定监控指
标和阈值，强化对糖尿病门特费用的监控。畅通举报投诉渠道，防范并及时查处
各种违规行为，并将处理结果及时通报医保经办机构。

三、实施效果

作者所在课题组通过对天津市 2014 年、2015 年参与按人头支付的糖尿病门
特患者进行抽样调查和医保数据分析，发现糖尿病按人头支付改革效果与预期相
符，主要成效[15, 16]如下。

（一）按人头支付减少了糖尿病门特患者不合理的卫生服务利用，同时有助于推动分级诊疗的形成

按人头支付显著降低了签约患者的年门诊就诊次数，这与实施了延长处方天数
的政策相关。按人头支付减少了患者使用的药品品种数，2014 年签约患者用药品种
减少了 0.52 种，2015 年减少了 0.35 种，与非签约患者相比，签约患者用药方案保
持不变或者降级的①比例较高，用药方案升级②比例较低，同时签约患者药品种类满
足需求的概率是非签约患者的 17 倍，这表明实施按人头支付后患者不必要的用药
减少，用药合理性提高。按人头支付显著降低了签约患者的年血糖检查次数，2014
年签约患者降低了 15.1 次，2015 年签约患者降低了 5.06 次，但并未减少年糖化血
红蛋白等必要的检查次数，提示可能通过健康教育等方式加强了患者自我监测血糖
的意识。由于患者签约后固定在一级、二级试点机构就诊，按人头支付增加了签约
患者在二级及以下医疗机构的就诊占比，有助于分级诊疗的初步形成。

（二）按人头支付可有效控制医疗费用的快速增长，患者费用负担下降

按人头支付降低了签约患者的月总医疗费用、基本医保支付费用、自付费用、

---

① 用药方案降级分为三种情况：口服降糖药种类减少或级别降低，胰岛素种类减少或者级别降低，口服降糖
药和胰岛素共同使用减少为仅口服降糖药或仅使用胰岛素治疗。
② 用药方案升级分三种情况：口服降糖药种类增加或级别升高，胰岛素种类增加或者级别升高，仅口服降糖
药增加为口服降糖药和胰岛素共同使用。

药品费用、检查费用、治疗费用，差异具有统计学意义，与政策预期一致。

（三）按人头支付签约患者血糖控制状况不差于非签约患者

在校正了年龄、性别、糖尿病病程、婚姻类型、受教育程度、有无并发症、是否吸烟、饮酒混杂因素后，通过多元线性回归模型发现，与非签约患者相比，签约患者空腹血糖、餐后 2 小时血糖值、糖化血红蛋白均低于签约患者，说明在综合管理下，目前按人头支付签约患者血糖控制情况不差于非签约患者。

（四）按人头支付签约患者满意度不低于非签约患者

在校正了年龄、性别、糖尿病病程、婚姻类型、受教育程度、有无并发症、是否吸烟、饮酒混杂因素后，通过多元线性回归模型发现，签约患者对医务人员随访情况、目前治疗方案、处方天数、血糖稳定程度、并发症控制情况满意度均不低于非签约患者，然而有效的健康教育仍需要加强。

四、经验与启示

（一）基于病种的按人头支付通过精细化管理能获得良好的效果

天津市实施的糖尿病门特按人头支付是仅针对糖尿病患者的，有别于国际上一般意义的全人群按人头支付。在实践中，天津市医保部门对于需方要求其获得糖尿病鉴定并定点就医；对于供方，通过对定点医疗机构的协议管理，明确了医疗机构应该提供的服务，通过质量考核体系加强了对供方行为的监管，并将患者外转至其他医疗机构发生的医疗费用纳入到给签约定点医疗机构的人头费中，使定点医疗机构成为费用"守门人"。精细化的医保管理和支付设计，确保了服务质量，也有效控制了医疗费用，使按人头支付组患者的血糖控制结果不劣于按项目支付组，而医疗费用低于按项目支付组，各项满意度高于按项目支付组，同时也推动了医务人员加强糖尿病管理与服务。2017 年，《国务院办公厅关于进一步深化基本医疗保险支付方式改革的指导意见》（国办发〔2017〕55 号）提出逐步从糖尿病、高血压、慢性肾功能衰竭等治疗方案标准、评估指标明确的慢性病入手，开展特殊慢性病按人头付费，天津的实践可为其他地区提供可借鉴的经验。

（二）按人头支付实施定点管理，有助于分级诊疗的实现

天津市糖尿病门特按人头支付要求糖尿病患者与一级或二级医疗机构签订就医协议，实行定点就医，患者经定点医疗机构转诊至其他医疗机构发生的费用由定点医疗机构承担。这样的定点管理和人头费支付设计，使一级、二级医疗机构有激励做好患者就医的"守门人"，一级、二级医疗机构就诊的比重明显增加，有助于分级诊疗的实现。

（三）需注意按人头支付"自愿签约制"导致的逆向选择和风险选择

当前，我国基本医疗保险实践中的按人头支付参保者定点签约主要为自愿式，在社区首诊、分级诊疗制度尚未完全建立的背景下，患者是否愿意接受签约后的定点首诊取决于其自身对签约所带来的价值和效用的判断。在天津市糖尿病门特按人头支付实践中，签约患者可以享受到完善的健康管理服务、取消药品使用限制、放宽费用支付要求等倾向性政策，许多药费较高、病情重的患者可能更倾向于签约，从而出现逆向选择行为。然而该政策可能对病情较轻、费用较低的患者吸引力较小，他们更倾向于不签约，为避免该现象的发生，医疗机构可采取一系列针对性的措施吸引此类患者签约。

同时，医疗机构为增加医保基金剩余可能会主动限制高费用患者的签约数量，更倾向于选择费用较低的患者，出现"撇奶油"的情况。建议医保部门根据患者年龄、性别、病情严重程度等差异化制定按人头支付标准。

本章参考文献

[1] 张萌萌, 胡牧. DRGs 在北京医保支付管理中的应用[J]. 中国医疗保险, 2015, （4）: 51-53, 57.

[2] 简伟研, 卢铭, 胡牧. 北京市按病组付费初期试点情况和效应分析[J]. 中国医疗保险, 2015, （3）: 52-55.

[3] 胡牧, 卢铭, 杜圣普, 等. 北京市病例组合定额付费（DRGs-PPS）试点阶段评价[J]. 中国医疗保险, 2014, （4）: 48-52.

[4] Jian W Y, Lu M, Chan K Y, et al. Payment reform pilot in Beijing hospitals reduced expenditures and out-of-pocket payments per admission[J]. Health Affairs（Project Hope）, 2015, 34（10）: 1745-1752.

[5] Jian W Y, Lu M, Liu G F, et al. Beijing's diagnosis-related group payment reform pilot: impact on quality of acute myocardial infarction care[J]. Social Science & Medicine, 2019, 243: 112590.

[6] 李锦汤, 张艳纯, 李劲佩. 广东全面开展按病种分值付费的进程和初步成效[J]. 中国医疗保险, 2018, (4): 44-46.

[7] 崔立君, 孙常洁, 梁超, 等. 总额预付背景下医院医保管理策略的调整与思考[J]. 中国医院管理, 2016, 36 (12): 88-89.

[8] 广州市医疗保障局、广州市财政局、广州市卫生健康委员会关于印发广州市社会医疗保险医疗费用结算办法的通知[EB/OL]. https://wenku.baidu.com/view/85095c715a0216fc700abb68a98271fe910eaf85?fr=sogou&_wkts_=1677132446215[2020-10-30].

[9] 广州市医疗保障局关于开展广州市社会医疗保险住院医疗费用按病种分值付费工作的通知[EB/OL]. https://www.gz.gov.cn/zfjg/gzsylbzj/tzgg/content/post_7097027.html[2022-09-10].

[10] 张映钰, 乐煦, 曾茜. 广州市基于大数据的病种分值付费实施路径与成效[J]. 中国医疗保险, 2020, (9): 47-51.

[11] 谢道溥. 杭州: 总额预算实例解析[J]. 中国社会保障, 2014, (2): 71-73.

[12] 程智涛, 肖钰娟, 龚小菲. 珠海市门诊统筹制度推进分级诊疗的成效分析与思考[J]. 中国医疗保险, 2017, (11): 48-51.

[13] 关于印发天津市基本医疗保险付费总额管理办法的通知[EB/OL]. https://hrss.tj.gov.cn/zhengwugongkai/zhengcezhinan/zxwjnew/202012/t20201206_4492812.html[2021-10-30].

[14] 徐婧楠. 单病种医保付费方式之我见——以糖尿病为例[J]. 天津社会保险, 2016, (2): 51-52.

[15] 邢念莉, 陈文, 刘稳, 等. 天津市糖尿病门诊特定病种患者按人头付费的效果评价[J]. 中国卫生资源, 2018, 21 (5): 423-427.

[16] 邢念莉. 天津市糖尿病门诊特病按人头付费的评价研究[D]. 上海: 复旦大学, 2018.

第七章　我国医疗保险支付制度改革进展

第一节　医疗保险支付方式改革进展

一、DRG 支付改革进展

（一）改革政策

DRG 支付是我国现阶段医保支付方式改革的重点内容。2017 年，《国务院办公厅关于进一步深化基本医疗保险支付方式改革的指导意见》（国办发〔2017〕55 号）要求开展按疾病诊断相关分组付费试点，探索建立按疾病诊断相关分组付费体系。2019 年，国家医保局、财政部、国家卫生健康委员会和国家中医药管理局《关于印发按疾病诊断相关分组付费国家试点城市名单的通知》（医保发〔2019〕34 号）提出，深化医保支付方式改革，加快推动 DRG 支付国家试点工作，确定北京、上海等 30 个城市为 DRG 支付试点城市，在 2020 年模拟运行，2021 年启动实际付费。2021 年 11 月，《国家医疗保障局关于印发 DRG/DIP 支付方式改革三年行动计划的通知》（医保发〔2021〕48 号），提出"到 2025 年底，DRG/DIP支付方式覆盖所有符合条件的开展住院服务的医疗机构，基本实现病种、医保基金全覆盖"的工作目标，促进医保基金提质增效。

（二）实施方式

技术规范和科学分组是 DRG 支付实施的重要前提。2019 年 10 月，国家医保局组织专家团队制定了《国家医疗保障疾病诊断相关分组（CHS-DRG）分组与付费技术规范》（简称《技术规范》）和《国家医疗保障疾病诊断相关分组（CHS-DRG）分组方案》（简称《分组方案》），指导全国 30 个 DRG 支付试点城市做好技术对接、质量控制、培训和监测评估等工作。在总结不同国家及国内不同版本 DRG 的主要做法和经验的基础上，在《技术规范》中针对国家医疗保障疾病诊断相关分组（China healthcare security diagnosis related groups，CHS-DRG）制定了初步的分组和支付技术规范，二者相结合共同为 DRG 改革提供技术支持。

1. 分组原则

国家医保局组织制订的《分组方案》是全国医疗保障部门开展 DRG 的统一标准。

第一，我国 DRG 以病案首页的主要诊断为依据，以解剖和生理系统为主要分类特征，参照 ICD-10 将病例分为主要诊断大类。

第二，在各大类下，根据治疗方式将病例分为"手术""非手术""操作"三类，并在各类下将主要诊断和（或）主要操作相同的病例合并成核心疾病诊断相关分组（adjacent diagnosis related groups，ADRG）。在该分类过程中，以临床经验分类为主，考虑到临床相似性，将统计分析作为辅助。

第三，在 ADRG 的基础上，综合考虑病例的其他个体特征、合并症和并发症，将相近的诊断相关分组细分为诊断相关组。这一过程中，主要以统计分析寻找分类节点，考虑资源消耗的相似性（图 7-1）。

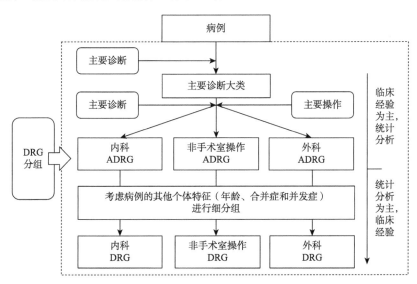

图 7-1　DRG 分组思路

资料来源：《关于印发疾病诊断相关分组（DRG）付费国家试点技术规范和分组方案的通知》，

http://www.nhsa.gov.cn/art/2019/10/24/art_37_1878.html[2019-10-24]

全国各试点地区严格执行《分组方案》，26 个主要诊断大类和 376 个 ADRG 全国一致，并按照统一的分组操作指南，结合各地实际情况，制定本地的 DRG 细分组。CHS-DRG 共形成 618 个 DRG 细分组[1]。

2. 相对权重

1）计算方法

DRG 相对权重（related weight，RW）是对每一个 DRG 依据其资源消耗程度所给予的权值，反映该 DRG 的资源消耗相对于其他疾病的程度。基础权重计算主要基于两种方法，分别是历史数据法和作业成本法。

第一种，历史数据法，其是采用前三年住院病例的历史费用或成本数据计算权重，各 DRG 权重是每一 DRG 的平均住院费用与全部病例的平均住院费用之比；第二种，作业成本法，其是按照医疗服务的过程，将住院费用按"医疗""护理""医技""药品与耗材""管理"分为五类，对照国际住院费用不同部分的成本结构，参考临床路径或专家意见确定每个 DRG 各部分比例，进行内部结构调整，再使用调整后的费用均值计算 DRG 权重值。

2）动态调整方法

当前存在医疗费用结构不合理等现象，直接影响了权重对医疗服务价值的表达，需对 DRG 基本权重设置动态调整机制。根据权重调整的目的和依据，其调整方式分为三种。

第一种，根据资源消耗结构调整。保持总权重不变，以资源为焦点重新进行成本的归属，统一出院病人费用明细项目，将费用归集到医疗、护理、医技、药品与耗材、管理五类，根据合理的成本构成调整住院医疗费用，使用调整后的住院医疗费用计算各 DRG 的权重。

第二种，根据疾病诊治难易程度调整。由卫生行政管理部门、医学会（医师协会）、医院集团等利益相关方代表，与医保支付政策制定方进行沟通、谈判，对 DRG 测算权重难以体现医疗难度与医疗风险的部分 DRG 权重进行调整，增加诊治难度大、医疗风险高的 DRG 权重。

第三种，根据医保政策目标调整。依据当前医保政策目标，在总权重不变的前提下，提高医保当前重点保障的重大疾病和急危重症的权重，同时相应降低技术难度较低疾病的权重，以体现基本医保重点保障、合理分流等政策目标。

3. 费率与支付标准

各 DRG 支付标准的测算是在 DRG 权重调整的基础上，将住院基金预算作为总量，通过预测年度住院人次、住院总费用、当年总权重等，反向推算出住院总费用后分配到每一权重上，得到费率，再将各 DRG 费用乘以其自身权重进而获得相应 DRG 的支付标准。

受医学科技发展和社会经济水平提高等因素的综合影响，医疗费用总体上呈现增长的趋势。因此，在进行 DRG 费用和支付标准计算时，需要考虑医疗费用合理增长因素，在预测下一年的费用和支付标准时，给出适当的医疗费用增长空间，合理补充其成本支出，以免制约医疗技术的发展。

4. 监管考核

DRG 支付监管考核是医保局和医保经办机构对 DRG 支付试点医疗机构的行为及 DRG 支付实施的过程和结果进行的监督与管理，是确保医疗机构产生期望的医疗行为改变、保证医疗服务质量和合理支付的重要手段。DRG 支付监管考核指标主要内容包括组织管理和制度建设、病案质量、医疗服务能力、医疗行为、医疗质量、资源效率、费用控制和患者满意度等。考核以客观资料查阅、复核、随访为主，把日常考核与定期考核有机结合。日常考核以医保经办机构平时工作中收集的违规记录为主；定期考核由医保经办机构组织人员全面实施。

（三）DRG 支付试点城市实施进展

截至 2021 年 6 月，全国 30 个 DRG 支付试点城市全部通过模拟运行前的评估考核，进入模拟运行阶段，部分城市已经开展了 DRG 支付。2021 年底，所有的试点城市全部开展实际支付。

除国家试点城市之外，各省市在地方政府和医保部门的积极推动及医院积极参与下，遴选了一些城市进行省级 DRG 支付试点，不断扩大 DRG 支付试点范围。例如，浙江省在全省各地市实施 DRG 支付；山东省在除国家试点城市青岛之外，选取了 10 个地级市和省本级医保进行省级 DRG 支付试点[2]。

从病种分组情况来看，由于各地实际情况可能存在异质性，分组也不尽相同。据不完全统计，多数试点城市病种组数在 600~800 组。例如，北京市 DRG 包含 796 个病种分组，金华市 DRG 包含 634 个病种分组。少数地区病种组数超过 800 个，如佛山市 DRG 包含 860 个病种分组，合肥市则包含 1013 个病种分组。

除北京、沈阳等较早实施 DRG 支付的城市外，多数 DRG 支付试点城市正处于第一年试点实施过程中。2021 年 12 月，国家医保局发布了 DRG/DIP 示范点名单，共 18 个城市被列为 DRG 示范点，天津市和上海市为 DRG/DIP 综合示范点，通过示范点建设引领、带动支付方式改革发展。DRG 支付改革对医疗机构的服务效率、服务质量、医疗费用、医疗保险基金使用效率和监管的影响，以及对参保患者服务利用和健康结果等方面的影响有待持续跟踪观察和研究。

二、DIP 改革进展

（一）改革政策

DIP 支付是深化医保支付方式改革的内在要求。从 2016 年起，国家相继出台了《国务院关于印发"十三五"深化医药卫生体制改革规划的通知》（国发〔2016〕78 号）和《国务院办公厅关于进一步深化基本医疗保险支付方式改革的指导意见》（国办发〔2017〕55 号），要求有条件的地区可积极探索将点数法与预算总额管理、按病种支付等相结合，逐步使用区域（或一定范围内）医保基金总额控制代替具体医疗机构总额控制。

2020 年 10 月，《国家医疗保障局办公室关于印发区域点数法总额预算和按病种分值付费试点工作方案的通知》（医保办发〔2020〕45 号）明确以地级市统筹区为单位开展试点工作，用 1~2 年的时间，将统筹地区医保总额预算与点数法相结合，实现住院以 DIP 为主的多元复合支付方式，到 2021 年底前，全部试点地区进入实际支付阶段。2020 年 11 月，《国家医疗保障局办公室关于印发区域点数法总额预算和按病种分值付费试点城市名单的通知》（医保办发〔2020〕49 号）确定天津、上海和厦门等 71 个城市作为 DIP 改革的试点城市。根据《国家医疗保障局关于印发 DRG/DIP 支付方式改革三年行动计划的通知》（医保发〔2021〕48 号），到 2025 年底，DRG/DIP 支付方式覆盖所有符合条件的开展住院服务的医疗机构，基本实现病种、医保基金全覆盖。

（二）实施方式

2020 年 12 月，《国家医疗保障局办公室关于印发国家医疗保障按病种分值付费（DIP）技术规范和 DIP 病种目录库（1.0 版）的通知》（医保办发〔2020〕50 号）明确了病种分组、分值确定及支付标准测算等方面的方法和规范，以加强对区域点数法总额预算管理和 DIP 试点工作的技术指导。

1. 分组方式

首先采用医保版疾病诊断分类及代码（ICD-10）对病例进行疾病诊断组合，其次对每个疾病诊断组合按使用的手术操作分类与编码（ICD9-CM-3）技术进行分类，当同一病案中有多个手术操作分类与编码时，可将各编码叠加作为新的分类，最后通过对临床病案中"疾病诊断"与"治疗方式"的随机组合，穷举形成 DIP 的病种组合，奠定 DIP 目录库的基础。

综合病种与核心病种共同构建了 DIP 目录体系。通过研究不同病种组合的分布规律，在具体病种中，确定具体的例数作为区分核心病种与综合病种的判断临界值，临界值之上的病种作为核心病种直接纳入 DIP 目录库，而处于临界值之下的作为综合病种再次收敛，综合病种对应的病例数约占总病例数的 15%。核心病种与综合病种的分组方式在本质上没有差异，均是通过数据呈现的共性特征对数据进行分类，差别仅在于核心病种直接将治疗方式作为分组的依据，而综合病种则由于病例数量的关系需按照治疗方式的具体属性进行分组。

2. 病种分值

病种分值是依据每一个病种组合的资源消耗程度所赋予的权值（related weight，RW），反映的是疾病的严重程度和治疗方式的复杂与疑难程度。

1）计算方法

病种分值是不同出院病例的标化单位，依据全样本数据测算每个病种组合的平均费用（以近三年的数据为基础，按照时间加权的形式计算）和本地所有出院病例的平均费用，二者相比即为某病种分值，计算公式如下：

$$病种分值（RW_i）= \frac{第 i 类病种组合内病例的平均住院费用}{全部病例平均住院费用} \qquad （7\text{-}1）$$

2）校正机制

第一，确定病种费用结构属性分层。通过对全病种费用明细类别占比进行聚类，结合相同病种各类别的费用聚集性，可确定病种属性分层。根据各地病种数据，可分为重点监控调整病种和稳定病种两大类。重点监控调整病种主要为某一到两个费用类别决定医疗费用水平的病种，如药品核心病种、耗材核心病种等。对于费用集中程度较好的重点监控调整病种，以及不同类别费用相对均衡的稳定病种，通过测算不同明细费用类别支付标准，最终结合明细类别权重等因素拟合形成校正后病种分值。

第二，建立专家评议和医保、医院之间的协商沟通机制，为费用离散度较高或本地重点监控病种制定合理的分值。

第三，实施 DIP 的地区，可按诊疗方案和出入院标准比较明确、诊疗技术比较成熟、临床路径稳定及综合服务成本差异较小的原则，选择不少于 10% 的付费病种，制定以临床路径为依据的分值校正机制。

3. 分值付费标准

DIP 的分值点值根据数据来源和适用场景分为预算点值和结算点值。DIP 预算点值在每年年初确定，通常基于前三年的住院总费用，同时考虑区域服务人口、区域疾病谱及医保总额资金可能出现的变化，计算预算阶段的分值点值均值，并以优质区间测算的方法精准测算预算点值，形成预估支付标准。DIP 结算点值在每年年终或第二年年初确定，基于当年医保支付总额与医保支付比例核定年度住院总费用，并结合年度 DIP 总分值，计算结算阶段的分值点值均值，形成 DIP 支付标准。

4. 基金支付

基金支付费用计算包括病组支付标准和医保支付费用计算。首先，病组支付标准是由 DIP 分值乘结算点值计算得到的。其次，对于一般病种分组住院患者，医疗保险经办机构按照 DIP 结果进行定点医疗机构住院费用结算，具体计算公式为

$$
\begin{aligned}
&\text{医保基金按DIP应支付给定点医疗机构的总住院费用} \\
&= \sum \Big[(\text{参保人员住院所属DIP组的病组支付标准} - \text{自费费用} \\
&\quad - \text{特定自付费用} - \text{起付线}) \times \text{医保报销比例} \Big] \\
&\quad - \sum \text{建议扣减费用}
\end{aligned} \tag{7-2}
$$

对于两年内未违反医疗保险有关管理规定及考核结果较好的定点医疗机构，年初按照上年度该定点医疗机构全年医保支付总额的一定比例预付给该定点医疗机构。月度预付以各定点医疗机构当月申报的纳入 DIP 结算范围病例发生的统筹基金记账金额为基数，由医保经办机构按照一定比例预拨付给各定点医疗机构。

5. 监管考核

DIP 监管考核是医保局和医保经办机构对 DIP 试点医疗机构的行为及 DIP 实施的过程和结果进行的监督与管理，有助于促进支付方式改革由一般性购买转型为战略性购买，最终实现"医、患、保"三方和谐共赢。监管考核指标主要包括组织管理和制度建设、基线调查、病案质量、医疗服务能力、医疗行为、医疗质量、资源效率、费用控制和患者满意度。运用 DIP 初期，应每月抽取试点医疗机构不少于 10% 的病历进行考核，待运行稳定后，可根据情况实行季度考核或年度考核。

（三）DIP 试点城市实施进展

2020 年，在国家政策推动下，全国 71 个城市启动了区域点数法总额预算和 DIP 试点。截至 2021 年 6 月，71 个 DIP 试点城市已全部完成预分组工作，陆续进入实际付费阶段。

目前，全国有 100 多个城市开展 DIP 试点，既包括国家试点城市，也包括部分省份选择的工作积极性较高、基础条件较好的城市开展的试点，还包括部分先行探索 DIP 的地区。例如，银川市在 2015 年先行试点总额控制下的 DIP 支付[3]；广东省 2017 年出台政策文件要求所有地级市全面开展 DIP 支付工作。

国家试点城市中除广州市等改革的先行地区外，其余大部分地区正处于 DIP 的实施准备阶段，少部分地区如海东市、宿迁市等已经开展 DIP 实际付费。2021 年 12 月，国家医保局印发了 DRG/DIP 付费示范点名单，共有 12 个城市列为 DIP 示范点，天津和上海列为 DRG/DIP 综合示范点。DIP 改革对于医疗服务质量、医疗费用控制、参保患者服务利用和健康结果，以及对门诊支付方式等方面的影响仍有待持续跟踪观察和研究。

三、整合型医疗卫生服务医保支付进展

（一）改革背景

世界卫生组织将整合型医疗卫生服务定义为"通过卫生体系内不同层级机构间协作，根据人们生命不同阶段的需要提供的健康促进、疾病预防、诊断、治疗、疾病管理、康复和姑息治疗等连续性服务，建设优质高效的医疗卫生服务体系"[4]。整合型医疗卫生服务的特点是以人的健康需要为中心，通过提供全生命周期的、相互衔接的、连续性的医疗卫生服务，提升服务的质量和效率，并增进人民群众的健康获得感。

为解决医疗卫生体系长期以来条块分割、医疗卫生资源配置不合理、基层医疗服务能力薄弱的问题，我国在医疗卫生体制改革过程中，逐步重视构建整合型医疗卫生服务体系。《全国医疗卫生服务体系规划纲要（2015—2020 年）》[5]指出，要强化上下联动与分工协作，整合各级各类医疗卫生机构的服务功能，防治结合，建立分级诊疗模式。《国务院办公厅关于推进医疗联合体建设和发展的指导意见》[6]也指出，开展医疗联合体建设，是深化医改的重要步骤和制度创新，有利于调整优化医疗资源结构布局，促进医疗卫生工作重心下移和资源下沉，提升基层服务能力，有利于医疗资源上下贯通，提升医疗服务体系整体效能，满足群众健康需求。

通过实践探索，各地逐渐形成了多种医疗联合体模式，如以深圳罗湖、江苏镇江医疗集团为代表的城市紧密型医联体，以安徽天长、福建尤溪为代表的县域紧密型医共体，以湖南浏阳、福建福州为代表的松散型医联体，以北京儿童医院集团、上海肺癌防治项目型医联体为代表的专科医联体，以北京大学肿瘤医院、

中日友好医院为代表的远程医疗协作网。

2021 年 9 月印发的《"十四五"全民医疗保障规划》明确提出要"协同建设高效的医药服务供给体系""支持整合型医疗卫生服务体系建设"的目标。

（二）医保支付概况

目前针对紧密型医联体的医保支付已形成了相对成熟、有效的机制，主要采用"总额预付管理、结余留用、超支不补（分担）"的医保支付制度，旨在引导患者留在区域内、下沉至基层医疗卫生机构就医，做好预防保健和健康管理，控制医疗服务成本，促进各医疗机构间分工协作，提高医疗服务质量，提高医保基金使用效率[7]。

从各地实践情况来看，对整合型服务的医保支付主要建立了三方面激励约束机制。第一，在支付机制上，普遍在以医共体为单位实行总额预付制的基础上，对单个供方采用复合支付方式，包括对住院医疗服务结合按病种支付、DRG 等，对门诊医疗服务结合按项目、按人头、按病种等支付方式，旨在提高整体效率、加强成本控制，同时防范可能由总额预付制引起的医疗服务不足、质量下降等问题，并建立起有效的内部利益平衡机制和资金分配机制。第二，在结算机制上，实行结余留用、超支不补或合理超支分担，明确结余留用基金可用于事业发展、人员绩效考核分配等，促进医联体提高资金利用效率、加强服务协同和整合。第三，在配套机制上，一方面，通过落实公立医疗机构剩余索取权和薪酬分配自主权等，形成对医务人员的有效激励约束机制；另一方面，以服务能力提升、患者就医流向等为核心指标，加强监督考核，并将考核结果与财政补助、医保支付、人员工资挂钩，强化医保对供方的监管与激励，提升区域内医联体整体服务效率[8]。

（三）医保支付的典型模式

下面以紧密型医联体的医保支付为例分析我国整合型医疗卫生服务医保支付模式，其中以深圳罗湖医院集团、安徽天长医共体、福建尤溪医共体较为典型，具体支付制度见表 7-1[9-21]。

表 7-1　典型地区紧密型医联体的医保支付制度

项目	深圳罗湖	安徽天长	福建尤溪
类型	城市医联体	县域医共体	县域医共体
建立时间	2015 年	2015 年（2018 年正式形成，2019 年改革完善）	2014 年（2017 年正式形成）

续表

项目	深圳罗湖	安徽天长	福建尤溪
医疗卫生机构主体	由罗湖区人民医院、罗湖区中医院等5家医院,医学影像远程诊断中心、医学检验中心等6大资源共享中心,人力资源管理中心、综合服务管理中心等6大管理中心,以及1家研究机构和35家社区健康服务中心组建形成医院集团	由2所县级公立医院(天长市人民医院、天长市中医院)牵头,联合乡镇卫生院、村卫生室组建2个医共体	由尤溪县总医院牵头,整合全县医疗卫生资源组建1个县域医共体
总额预付方式	总额管理,结余留用,合理超支分担	按人头总额预算包干,结余留用,超支不补	按人头总额预算,结余留用,超支不补
总额支付覆盖人群	辖区内与罗湖医院集团签订家庭医生服务协议的一档、二档、三档基本医保参保者	辖区内城乡居民医保参保者	县域内职工医保和城乡居民医保参保者
资金来源	基本医保住院统筹基金和地方补充医保基金	城乡居民基本医保统筹基金	基本医保统筹基金
基金预算与拨付	以上年度签约居民基本医保住院统筹基金和地方补充医保基金实际支付总额为基数,加上约定年度全市医保基金人均统筹基金增长率计算的医保基金增长支出作为总额,年初一次性打包预付	原为扣除10%增量基金风险金、大病保险资金、市外就医补偿资金、调节奖惩基金后作为总预算,转换成参保人头费后依据辖区内参保人数统一一打包支付给牵头医院包干使用;2020年改革后以上年医保基金使用情况为基础,综合考虑医共体服务人口、历史支出权重、医疗服务质量和绩效考核等因素,由天长市医保局牵头与医共体通过协商谈判的方式,合理确定下一年度医共体的包干基金预算总额,每季度初预付	扣除大病保险和第三次精准补助基金(职工35元/人、城乡居民100元/人)后打包给牵头医院统筹使用
基金结算与分担	年终结算,结余全部留用,全部列为罗湖医院集团的收入,可用于疾病预防、人员培训及人员奖励性绩效分配;合理超支部分医保方与医院集团协议分担	年终结算,大病保险基金结余除外的结余全部留用,超支部分原则上由牵头医院承担;结余资金经考核后由医共体县乡村三级机构原则上按6:3:1比例分配、自主支配	年终结算,结余纳入总医院医务性收入,用于计算医院工资总额;超支部分由总医院承担
报销范围	医院集团内外住院服务、社区康复中心门诊服务(二档、三档参保者)	辖区居民当年门诊和住院、按规定支出的家庭医生签约服务、县域外住院等规定的报销费用	县域内外健康促进及基本医保范围内门诊和住院服务
住院服务复合支付方式	主要实行按病种、按服务单元支付,探索DRG,长期、慢性病按床日支付等	按病种分组支付,探索区域总额预算管理的DRG	按DRG收付费,同级别医疗机构"同病、同治、同价"
门诊服务复合支付方式	一档参保者按项目支付,由个人账户支付,不在包干总额内;二档、三档参保者实行按人头支付,由社区康复中心与其绑定结算医院进行管理与结算,实行门诊总额,未与住院总额相关联	以按项目支付为主,10个病种实行门诊临床路径下的按病种支付	以按项目支付为主

续表

项目	深圳罗湖	安徽天长	福建尤溪
住院支付待遇水平	一级及以下、二级、三级医院起付线分别为100元、200元、300元。三档参保者在一级、二级、三级医院就医的报销比例分别为85%、80%、75%；一档、二档参保者的报销比例为90%	一级及以下、二级和县级医疗机构起付线分别为200元、500元，报销比例分别为85%、80%。封顶线为30万元。达到大病起付线以上部分由大病保险报销	不设起付线，封顶线为10万元。职工在基层医疗卫生机构、二级以上医疗机构就医分别报销80%、70%，居民在基层、二级、三级医疗机构就医分别报销80%、70%、50%。年度住院费用高于10万元部分由大病基金按分段比例报销
门诊待遇水平	二档、三档参保者在社区门诊就诊由统筹基金支付，甲类药报销比例80%，乙类药60%，封顶线为1000元	在村卫生室、乡镇卫生院发生的门诊费用不设起付线，报销比例为55%，单次报销限额分别为20元、30元，每日限报销2次，年度报销限额150元/人	职工在基层医疗卫生机构、二级以上医疗机构就医的报销比例分别为90%、70%；城乡居民报销比例为60%
医联体外支付及待遇水平	居民在医院集团外就医的医保支付部分从总额中扣除。三档参保者经转诊在备案医疗机构就医，报销比例调整为70%；各档参保者未经转诊在市外非备案医疗机构就医，报销比例调整为原支付标准的90%；非备案医疗机构为原支付标准的70%；未经转诊在市外门诊就医统筹基金不予报销。其余待遇市内外无变化	选择其他医共体就医患者的医疗费用由其所属医共体以购买服务形式每季度结算。到市域外（不含省外）住院治疗的，各医疗机构起付线增加1倍，报销比例降低10个百分点。到省外医疗机构住院治疗的，起付线按当次住院总费用20%计算（不足2000元的按2000元计算，最高不超过10 000元），报销比例为55%	患者县域外就医发生的费用从总额中扣除。因特殊情况转诊到统筹区外就医报销比例降低10%~35%不等。自行在县域外就医者，报销比例为30%
医联体内部管理与基金分配	由集团统一分配使用	牵头医院对医共体内部的基层医疗卫生机构享有管理权、经营权与分配权，包括医保基金的审核、补偿与结算工作。由医共体牵头单位按月对参保群众在医共体内各级医疗机构所发生的医药补偿费用进行审核后及时结算。由牵头医院统一制订对基层医疗卫生机构的考核方案，考核结果与其财政补助和基本公共卫生服务经费挂钩	总医院统算统发县乡村薪酬，实行薪酬计算工分制，建立县级公立医院医生下乡工分倾斜制度。工资总额按5:4:1的分配比例设定医生、护士和行政后勤人员的最高年薪，乡镇分院绩效薪酬总额按基本医疗、基本公共卫生、行政业务类别5:4:1进行分配
绩效考核指标	健康绩效（医生数量、健康素养水平、疾病筛查与预防指标、慢性病管理等）、运行绩效（基金留存率、住院服务效率、服务能力指标、费用控制指标）和管理绩效（社会满意度）等	县域内医疗机构服务能力、费用占比、人员工资、县域内就诊率、基层诊疗量占比等	次均费用、患者自付比例、住院率、医疗收入构成、上转率、下转率、患者满意度等

续表

项目	深圳罗湖	安徽天长	福建尤溪
考核激励方式	绩效考核结果与财政补助、医保支付、工资总额及院长年薪挂钩；将监管考核结果向社会公布，促进医疗机构强化医务人员管理	干部任用和院长薪酬挂钩，与预算包干资金是否扣减奖惩基金及结余资金分配额度挂钩，与县乡医疗机构绩效分配挂钩，与村卫生室各项补助和村医执业管理挂钩	绩效考核结果与财政补偿、医保基金拨付、医院工资总额、院长考核、薪酬分配、职称评聘等挂钩

在医联体的支付方面，三个典型地区均实行总额管理、结余留用的支付方式，以遏制过度医疗，激励医疗机构重视疾病预防与健康管理，降低医疗费用支出。对于实际发生的超过预算总额的费用，深圳罗湖实行"合理超支分担"，安徽天长和福建尤溪均规定"超支不补"，严格把控预算，防止基于历史法确定总额标准对医联体产生超支激励。考虑到总额预付可能带来的服务不足、质量下降等问题，三个地区实行在总额预付下结合住院及门诊复合支付方式，辅以基金结算时的绩效考核激励，提高医保管理精细化程度。对医联体的绩效考核除了一般性的人群健康绩效指标及费用控制指标外，还纳入了一定的管理过程性指标，如转诊率、区域内就医率、机构间协调合作情况等，用以反映医联体运行过程中的问题与优势，从投入、过程、结果等多方面考核医联体绩效。考核结果与财政补助、基金奖惩、人员收入等挂钩，构建了较为系统的激励约束机制，引导医联体内部加强组织管理与合作，提高医疗服务质量和效率，实现多方共赢。此外，通过在总额中扣除参保者在医联体外发生的医保支付费用，促使供方将患者留在医联体内治疗，减少不必要的跨区域就医，缓解了大型先进医院的虹吸现象。

在资金管理与拨付方面，三个典型地区总额预付资金来源均为基本医保统筹基金，基于基本医保统筹基金收支情况核定总额预算。其中，深圳罗湖根据医保基金实际支出及支出增长率核定年度总额；安徽天长在确定总额预算过程中将人口情况、历史支出情况及服务绩效等因素纳入考量，以协商谈判形式合理确定预付总额，按季度拨付；福建尤溪将医保收入基金扣除预留部分后打包预付给医共体统筹使用。总额标准的确定尚缺乏更为精确的风险调整测算机制，未来可以探索以大数据为支撑的总额标准测算方法，以年为单位的拨付方式存在一定改进空间。

四、按绩效支付改革进展

目前，我国医疗保障领域实施的按绩效支付通常与其他支付方式合并使用，作为对传统支付方式的补充和优化的形式出现，单独实施按绩效支付的案例较少。以下以浙江省肝移植术按绩效支付为例进行介绍。

（一）改革政策

为减轻肝移植患者医疗费用负担，浙江省人力资源和社会保障厅于 2017 年印发《关于开展肝移植术基本医疗保险按绩效支付试点工作的通知》（浙人社发〔2017〕134 号），提出于 2018 年 1 月 1 日起开展肝移植术基本医疗保险按绩效支付的试点，保障对象为参加浙江省基本医疗保险的浙江省户籍患者，或在接受肝移植术前参加浙江省基本医疗保险连续缴费满 1 年的患者。选取浙江大学医学院附属第一医院和第二医院、树兰（杭州）医院、宁波市医疗中心李惠利东部医院等 4 家省内医疗机构开展试点。

（二）实施方式

患者接受肝移植手术住院期间发生的医疗费用，除应由患者个人承担的费用外，医保按绩效与医疗机构进行结算，具体支付规定如表 7-2 所示。

表 7-2　浙江省肝移植术基本医疗保险按绩效支付规则

项目	18 周岁及以下	18 周岁以上
出院时	70%	90%
出院后存活满 1 年	20%	5%
出院后存活满 3 年	10%	5%
出院后存活满 5 年	医保预留费用激励（绩效评价：患者生存质量、医疗质量、费用负担等）	

（1）18 周岁及以下患者出院时结清个人承担费用，医保按应支付费用的 70% 结算；患者出院后存活满 1 年的，医保按应支付费用的 20% 再次结算；患者出院后存活满 3 年的，医保按应支付费用的 10% 再次结算。

（2）18 周岁以上患者出院时结清个人承担费用，医保按应支付费用的 90% 结算；患者出院后存活满 1 年的，医保按应支付费用的 5% 再次结算；患者出院后存活满 3 年的，医保按应支付费用的 5% 再次结算。

（3）患者出院后存活满 5 年的，医保在预留费用中对医疗机构予以激励。预留费用由浙江省省级医疗保险服务中心统一集中管理。5 年期满后，由省医疗保险服务中心根据患者生存质量、医疗质量、费用负担等因素对医疗机构进行绩效评价，并予以相应激励。

此按绩效支付项目仍在实施过程中，其实施效果有待跟踪评价。

第二节　医疗保险协议管理改革进展

一、创新医保协议管理的改革方向

（一）改革背景

1998 年，国务院印发《关于建立城镇职工基本医疗保险制度的决定》（国发〔1998〕44 号，以下简称《决定》），明确了基本医疗保险实行定点医疗机构和定点药店管理，由行政部门制定定点资格审定办法，经办机构负责确定定点医疗机构和定点药店，并同定点医疗机构和定点药店签订合同。同时提出了引进竞争机制，职工选择若干定点医疗机构就医、购药，也可持处方在若干定点药店购药等一系列制度设计。1999 年，为贯彻落实《决定》，劳动和社会保障部、卫生部、国家中医药管理局三部门制定了《城镇职工基本医疗保险定点医疗机构管理暂行办法》，劳动和社会保障部、国家药品监督管理局制定了《城镇职工基本医疗保险定点零售药店管理暂行办法》，确定了定点医药机构管理的基本框架。

2015 年，国务院印发了《关于第一批取消 62 项中央指定地方实施行政审批事项的决定》（国发〔2015〕57 号），取消了社会保险行政部门实施的两定资格审查。为落实"放管服"要求，人力资源和社会保障部印发了《关于完善基本医疗保险定点医药机构协议管理的指导意见》（人社部发〔2015〕98 号），全面取消了两定资格审查，完善了协议管理。这一政策明晰了医疗保险经办管理部门与定点医药机构的关系，不再是行政管理的关系，而是平等主体之间的协议管理关系，应通过谈判协商与定点医药机构协商签订服务协议，规范医药服务行为，并明确违反服务协议的行为及其责任。

随着我国医药卫生体制不断深化，医疗卫生服务体系发展迅速，对参保人提供服务的各级各类医药服务机构数量明显增加，给医疗保障管理部门和经办机构带来新的挑战。

（二）改革要求和方向

2020 年，《中共中央　国务院关于深化医疗保障制度改革的意见》中明确提出了创新医保协议管理的改革要求，作为实施更有效率的医保支付的方式之一。国家医保局于 2020 年 12 月出台了《零售药店医疗保障定点管理暂行办法》[22]和《医疗机构医疗保障定点管理暂行办法》[23]，为加强对医药机构的协议管理提供指导。2021 年 9 月，国务院办公厅印发的《"十四五"全民医疗保障规划》中进一步强调了健全完善医保协议管理的发展要求。综合这些改革文件，在医保协议管理方面的改革重点如下。

1. 创新医保协议管理是建立管用高效的医保支付机制的重要内容

创新医保协议管理要求完善基本医疗保险协议管理，简化优化医药机构定点申请、专业评估、协商谈判程序。将符合条件的医药机构纳入医保协议管理范围，支持互联网医疗等新服务模式发展。建立健全跨区域就医协议管理机制。制定定点医药机构履行协议考核办法，突出行为规范、服务质量和费用控制考核评价，完善定点医药机构退出机制。加强和规范对医药机构的医疗保障定点管理，提高医疗保障基金使用效率，更好地保障广大参保人员权益。

2. 明确医保协议管理的主体及关系

医疗保险协议管理的主体是医疗保险经办机构、医疗机构和零售药店。符合条件的医疗机构和零售药店可以通过申请签订医保协议纳入医保定点管理，医保行政部门、医保经办机构和定点医疗机构、定点零售药店之间的权责关系更加清晰。医保经办机构和医疗机构、零售药店是协议的主体，医保行政部门对定点申请、专业评估、协议订立、协议履行和解除等流程进行监督。在此主体关系下，医保经办机构可以更灵活地应用协议管理的手段，引导医药服务供方的行为。

3. 医保协议管理与支付方式改革、基金监管手段应有效衔接

医保协议管理是一种管理工具，涵盖的内容非常丰富，通过协议考核办法，可以同定点医药机构约定医疗保险作为战略性购买者对于服务的效率、质量、费用等方面的要求，对医药服务供方产生约束激励和行为引导作用。

同时，对于定点医药机构协议履行情况的绩效考核应与医保支付方式改革、医保基金监管相互协同、衔接。例如，推进支付方式改革，可以与协议履行绩效考核结果相挂钩；完善医保基金监管体制，应落实协议管理，从而使不同的医保管理方式发挥组合效能。

二、互联网医疗的医保支付进展

近年来，互联网医疗等新型服务模式蓬勃发展，医疗保障支持互联网医疗发展的机制初步成型。

（一）医保对互联网医疗的支付

目前，我国互联网医疗的医保支付制度仍在探索当中，部分地区出台了相应政策（表7-3），有利于提高患者利用互联网医疗服务的积极性，促进医疗机构更多更好地提供线上医疗服务。然而，由于对互联网医疗或互联网医院的医保支付实行时间较短，尚未有政策评估结果和成熟经验可供参考。

表7-3　部分地区互联网医疗医保支付相关规定

地区	时间	标题	文号	主要内容
深圳	2020 年 3 月	深圳市医疗保障局 深圳市卫生健康委关于支持互联网医疗机构开展门诊慢性病特定病复诊有关措施的通知[24]	—	支付标准；规范医疗服务行为
厦门	2020 年 12 月	厦门市医疗保障局关于印发厦门市"互联网+"医疗服务医保支付管理办法的通知[25]	厦医保〔2020〕129 号	医疗机构资质；定点协议管理；价格标准；支付范围；服务规范性；医保结算；追溯与监控监管
北京	2020 年 2 月	北京市医疗保障局 北京市卫生健康委员会关于制定互联网复诊项目价格和医保支付政策的通知[26]	京医保发〔2020〕7 号	制定各复诊项目最高指导价
	2020 年 2 月	北京市医疗保障局关于开展"互联网+"医保服务的通知	京医保发〔2020〕8 号	签订协议；实时结算；基金监管
湖北	2020 年 1 月	省医疗保障局关于完善"互联网+"医疗服务价格和医保支付政策的实施意见[27]	鄂医保发〔2020〕5 号	分类管理；价格项目的申请设立；价格管理；医保支付范围；协议管理；基金监管
安徽	2020 年 3 月	安徽省医疗保障局关于完善"互联网+"医疗服务价格和医保支付政策的通知[28]	皖医保发〔2020〕2 号	项目管理、申报、受理与审核；价格管理；医保支付范围和标准
四川	2019 年 12 月	四川省医疗保障局关于完善我省"互联网+"医疗服务价格和医保支付政策的实施意见[29]	川医保规〔2019〕5 号	项目管理；价格管理；支付政策（支付范围、协议管理、基金监管）；保障措施
湖南	2020 年 6 月	湖南省医疗保障局关于完善"互联网+"医疗服务价格和医保支付政策的实施意见[30]	湘医保发〔2020〕35 号	项目管理；价格管理；支付政策（支付范围、协议管理、基金监管）；保障措施
广西	2020 年 7 月	自治区医保局关于落实"互联网+"医疗服务价格和医保支付政策的通知[31]	桂医保发〔2020〕43 号	项目管理；价格管理；支付政策（支付范围、协议管理、基金监管）；保障措施
山东	2020 年 7 月	关于印发《山东省互联网医院医保定点协议文本（试行）》的通知[32]	鲁医保发〔2020〕51 号	医疗机构资质；监督检查；协议；医疗机构职责与规范；支付标准

多数地区对互联网诊疗模式出台了相应医保报销政策，主要针对常见病及慢性病复诊的诊察费和药品费进行报销，并在总额预算、费用结算、考核评价、价格政策和医保规定等方面实行线上线下一体化管理。其中，四川、湖北、湖南等地对设立新的"互联网+"医疗服务项目做出了详细规定，明确了新项目的立项权

限、价格管理、准入条件等方面，有一定参考意义；北京市以现行结算流程与报销标准为基础，明确了"互联网+"医保服务结算流程，参保人应实名就诊和购药，均实行实时结算；厦门市对申请"互联网+"医疗服务医保补充协议的医疗机构的资质作了详细规定；深圳市相关政策仅针对门诊慢性病特定病复诊，并制定了相应的病种范围。其他地区，如安徽、广西也对"互联网+"医保进行了简要规定。

为应对疫情防控，发挥"互联网+"医疗的作用，全国各地还紧急下发通知，明确经卫生行业主管部门批准后，为本市参保的常见病、慢性病复诊病人提供的"互联网+"门诊医疗服务，向医保部门备案后临时纳入医保支付范围，与线下实行同等的价格和支付政策，有条件地区可利用信息系统线上报销，或采用邮寄报销、预约报销、延时报销等方式完成费用结算，有力扩大了医疗服务供给，满足了人民需求。

山东省对互联网医院模式制定了专门的医保定点协议文本，明确了医保经办机构和互联网医院的权利与义务，目前仍在试行阶段。山东省医保局明确了纳入医保定点的互联网医院需满足的原则要求，强调加强监督管理，发挥第三方平台或机构的技术支撑作用，为了鼓励"互联网+"医保服务发展，适当提高线上医保报销比例，鼓励大型医疗机构通过创新慢病医保服务模式，缩短排队时间，线上线下相结合做好慢病管理工作，加快实现从线下就诊到线上复诊的分流，更好地发挥互联网医疗资源的作用和优势，释放线下优质医疗资源，从而提高医疗资源供给和利用效率。

（二）医保对远程医疗的支付

目前，我国远程医疗在部分地区已初具规模，部分由某龙头医院牵头建立远程医学网络，辐射全国多家知名三甲医院；部分由省、市、县域内龙头医院牵头，在行政区划内建立远程医疗网络，带动基层医疗服务。然而，现阶段将远程医疗纳入医保报销的省市尚较少，贵州省在远程医疗方面开展了良好的探索。

贵州省由于经济条件、地理位置和医疗资源分布等方面的制约，部分地区医疗资源相对匮乏，可及性不高。为解决这一问题，贵州省在远程医疗方面开展了多年试点工作。例如，2016年贵州省在全省范围内建立了远程医疗网络系统；2017年贵州省建成了省内"省—市—县—乡"四级远程医疗服务体系，开展包括视频会诊、病理诊断、影像诊断、远程监护、远程门诊咨询等在内的项目。此外，贵州省还与北京协和医院、中日友好医院等50余家省外医院实现了远程医疗对接服务。2016年6月，贵州省发展和改革委员会等部门印发的《贵州省调整完善公立医疗机构远程医疗服务项目价格方案》[33]中明确了远程医疗协作的双方的服务费用分配比例，部分由医疗机构协商确定，部分已进行了明确规定；并将远程医疗纳入城镇居民、城镇职工医保和新型农村合作医疗支付范围。2018 年，贵州省全省乡镇卫生院诊疗人次达 3565.09 万人次，较 2017 年增长 14.16%，较 2016 年增长 31.4%[34]，完成远程会诊 42 569 次，远程影像诊断 213 846 次，远程心电诊断 77 788 次，在一定程度上扩大了基层医疗服务供给，优化了基层诊疗能力[35]。贵州省医保部门对远程医疗的支付不仅大大改善了当地居民医疗服务的可及性，也对全国其他地区实施远程医疗的医保支付提供了可借鉴的经验。

本章参考文献

[1] 国家医疗保障疾病诊断相关分组（CHS-DRG）分组与付费技术规范. http://www.nhsa.gov.cn/ module/download/downfile.jsp?classid=0&filename=a3cbb51dc6354dd4b6a5ab09bec18121.pdf [2019-10-24]

[2] 曹凯. DRG 国家试点开跑[J]. 中国医院院长，2020，（1）：30-37.

[3] 张博，刘涛，龚福玲. 总额控制下的按病种分值付费评价——基于银川市的实践[J]. 中国医疗保险，2016，（7）：35-38.

[4] WHO. Integrated health services——what and why[R]. Geneva：World Health Organization，2008.

[5] 国务院办公厅关于印发全国医疗卫生服务体系规划纲要（2015—2020 年）的通知[EB/OL]. http://www.gov.cn/zhengce/content/2015-03/30/content_9560.htm[2015-03-30].

[6] 国务院办公厅关于推进医疗联合体建设和发展的指导意见[EB/OL]. http://www.gov.cn/zhengce/ content/2017-04/26/content_5189071.htm?gs_ws=tsina_636289277260698388[2017-04-26].

[7] 方鹏骞，李曼琪，李文敏. 试论三级公立医院在医疗联合体中的引领作用[J]. 中国医院管理，2018，38（5）：1-3.

[8] 朱晓丽，郑英，王清波，等. 我国部分地区医联体医保总额预付制改革的比较分析[J]. 中国医院管理，2020，40（2）：21-25.

[9] 许贤雄，马婷婷，林琴棋，等. 剖析医联体现状，探索新医改经验[J]. 现代医院管理，2020，18（1）：1-5.

[10] 宫芳芳，孙喜琢. 分级诊疗背景下政府基本医疗服务补助方式研究——基于深圳市罗湖区改革实践[J]. 现代医院，2021，21（6）：821-823.

[11] 尹述颖，陈文，刘稳，等. 紧密型医疗联合体运行的关键问题辨析及政策建议[J]. 中国卫生政策研究，2020，13（1）：38-42.

[12] 刘泽瑶，唐文熙. 我国紧密型医联体医保支付方式设计及效果述评[J]. 中国医疗保险，2020，（10）：14-19.

[13] 王虎峰. 我国医联体的功能定位与发展趋势——以罗湖医疗集团为例[J]. 卫生经济研究，2018，（8）：3-6.

[14] 夏俊杰，卢祖洵，王家骥，等. "医保经费总额包干，节余奖励"框架下的罗湖医改模式[J].

中国全科医学，2017，20（19）：2299-2302.

[15] 宫芳芳，孙喜琢，李亚男，等. 以健康为导向的医保支付方式改革实践研究[J]. 中国医院管理，2020，40（6）：86-88.

[16] 宫芳芳，孙喜琢. 医保支付方式改革"罗湖模式"显成效[J]. 中国医院院长，2019，（13）：72-73.

[17] 赵慧童，代涛，杨越涵. 天长市县域医共体新农合按人头总额预付制 ROCCIPI 分析[J]. 中国医院管理，2018，38（5）：42-44.

[18] 林伟龙，代涛，朱晓丽. 安徽省天长市县域医联体改革实践分析[J]. 中国卫生经济，2017，36（4）：74-77.

[19] 郑英，胡佳，代涛，等. 安徽省天长市和福建省尤溪县县域医联体建设研究[J]. 中国卫生政策研究，2019，12（5）：11-17.

[20] 安徽省人民政府办公厅关于推进紧密型县域医共体建设的意见[EB/OL]. https://www.ah.gov. cn/szf/zfgb/8124641.html[2019-07-09].

[21] 方鹏骞，陈江芸. 县域内各种形式医疗联合体比较分析[J]. 中国医院，2017，21（9）：前插1，1-4.

[22] 国家医疗保障局. 零售药店医疗保障定点管理暂行办法[EB/OL]. http://www.nhsa.gov.cn/ art/2021/1/8/art_37_4244.html[2021-01-08].

[23] 国家医疗保障局 医疗机构医疗保障定点管理暂行办法[EB/OL]. http://www.nhsa.gov.cn/art/ 2021/1/8/art_37_4243.html[2021-01-08].

[24] 深圳市医疗保障局 深圳市卫生健康委关于支持互联网医疗机构开展门诊慢性病特定病复诊有关措施的通知[EB/OL]. http://hsa.sz.gov.cn/szsylbzjwzgkml/szsylbzjwzgkml/qt/tzgg/content/ post_7335952.html[2020-03-31].

[25] 厦门市医疗保障局关于印发厦门市"互联网+"医疗服务医保支付管理办法的通知[EB/OL]. http://ylbz.xm.gov.cn/zwgk/zfxxgk/ml/zcwj/zcfg/202012/t20201214_2505314.htm[2020-12-14].

[26] 北京市医疗保障局 北京市卫生健康委员会关于制定互联网复诊项目价格和医保支付政策的通知[EB/OL]. http://www.beijing.gov.cn/zhengce/zhengcefagui/202004/t20200429_1888155. html[2020-04-29].

[27] 省医疗保障局关于完善"互联网+"医疗服务价格和医保支付政策的实施意见[EB/OL]. http:// www.hubei.gov.cn/xxgk/zfbmwj/202004/t20200430_2256755.shtml[2020-04-30].

[28] 安徽省医疗保障局关于完善"互联网+"医疗服务价格和医保支付政策的通知[EB/OL]. http:// www.ah.gov.cn/szf/zfgb/8315411.html[2020-05-11].

[29] 四川省医疗保障局关于完善我省"互联网+"医疗服务价格和医保支付政策的实施意见 [EB/OL]. https://ylbzj.sc.gov.cn/scsybj/nc010408/2019/12/12/d97173c3bee84947a4e2080a6a67 6457.shtml[2020-10-30].

[30] 湖南省医疗保障局关于完善"互联网+"医疗服务价格和医保支付政策的实施意见[EB/OL]. http://www.hunan.gov.cn/hnszf/xxgk/wjk/szbm/szfzsjg_19847/sylbzj/gfxwj_19835/202011/t2020 1125_13965493.html[2020-11-25].

[31] 自治区医保局关于落实"互联网+"医疗服务价格和医保支付政策的通知[EB/OL]. http://ybj. gxzf.gov.cn/xwdt/tzgg/t5691440.shtml[2020-07-07].

[32] 山东省医疗保障局. 关于印发《山东省互联网医院医保定点协议文本（试行）》的通知 [EB/OL]. http://ybj.shandong.gov.cn/art/2020/7/15/art_160747_9327485.html[2020-07-15].

[33] 省发展改革委、省卫生计生委、省人力资源和社会保障厅、省财政厅关于印发《贵州省调整完善公立医疗机构远程医疗服务项目价格方案》的通知[EB/OL]. http://fgw.guizhou.gov.cn/fggz/tzgg/201701/t20170104_62126253.html[2020-10-30].

[34] 省卫生健康委关于省十三届人大二次会议第383号建议的答复[EB/OL]. https://wjw.guizhou.gov.cn/zwgk/jcxxgk/jyta/201908/t20190820_78925806.html[2019-08-20].

[35] 张鑫. 大数据背景下贵州远程医疗现状及对策研究[J]. 信息与电脑（理论版）, 2019, 31（21）: 220-221.

第八章　我国医疗保险创新支付制度改革建议

从我国医疗保险支付制度现状和挑战出发，基于对医保战略性购买的理论分析和国内外经验总结，为进一步深化医疗保险创新支付制度改革提出以下政策建议，从而促进我国医疗保险支付制度的完善及医疗保障和医药服务的高质量协同发展。

一、强化支付制度在医疗保险战略性购买中的作用，促进医疗保险制度高质量发展

支付制度是医疗保险发挥战略性购买功能的核心工具。通过支付方式及协议管理、绩效考核等支撑体系的设计，医疗保险作为医药服务购买者，建立起了针对医疗服务提供者的核心激励机制，对供方行为产生导向作用，引导供方以参保者健康需求为核心，提供高质量、连续性、有价值的医药服务。在全民医保的背景下，我国基本医疗保险的战略性购买者定位已然明确，应通过支付制度的不断改革与创新，更充分地发挥战略性购买功能。这将有助于提升医疗保险基金支付的效率，实现"物有所值"，促进医疗保险制度高质量发展。

二、通过支付制度促进医疗保障和医药卫生服务协同改革

有了医疗保障和医药卫生服务协同改革的立足点后，并不足以让协同改革自发推进，还需要协同改革的抓手和工具。发挥医保基金的战略性购买作用，有助于引导卫生资源配置，推动医药卫生服务体系效率改进。医保的功能包括协议管理、支付管理与监督考核等，可对医药卫生服务体系产生强烈的外部经济激励与约束。光靠医保战略性购买产生的外部拉动力还不够，还需要医药卫生服务体系

内部产生推动力，才能实现协同。这就要求医药卫生服务体系对外部的医保战略性购买行为做出反应，主动调整资源配置布局和服务结构，以产生符合战略性购买预期的服务结果。单个医药卫生服务机构要将医保的外部激励内化为内部运行机制，通过薪酬分配和绩效管理杠杆向专业科室和医务人员传递经济激励信号，以形成符合医保战略性购买要求、有助于医药卫生服务机构良性发展的行为导向，保证医疗保障和医药卫生服务协同。

医药卫生服务体系的改革反过来也要求医保的战略性购买行为做出调整，以迎合服务体系的变化。若单纯依赖刚性的财务风险转移与财务约束，而不考虑合理的供方资源投入需要，没有合理的风险共担与收益共享机制，则只能迫使服务供方采取应对性的行为，导致理应协同共赢的医保购买方与服务供给方的利益对立冲突，双方都得不偿失。战略性购买应以激励约束相容为原则，在保证医保基金安全的基础上，约束医药卫生服务行为，推动服务效率提升和质量改善。

三、实施以价值为导向的创新支付方式，强化对整合型医疗卫生服务的经济激励

整合型医疗卫生服务是近年来国际卫生改革的重要方向，提供有价值的医疗服务是卫生系统的核心目标，实施基于价值的医疗卫生服务医保购买是有效手段。典型国家及我国的部分地区在医保对门诊服务、住院服务或者整合式服务的战略性购买方面进行了探索，基于价值的医保购买成为现阶段支付方式发展的主要趋势，主要有以下三方面特征：第一，对于门诊服务的购买多通过按人头付费或捆绑支付的方式，通过加强基层首诊和双向转诊，发挥全科医生"守门人"的作用，促进全科医生及其团队发挥对慢病患者健康管理、预防服务提供及长期健康方案制订的作用。第二，对住院服务的购买采用 DRG 支付与按绩效付费的复合支付方式，通过设计相关的激励机制营造激励性的竞争环境，旨在控制医疗费用不合理上涨的同时提高医疗服务的价值、质量和效率。第三，在对整合型服务的购买中，通过对各组成部分有效的经济激励，促使机构间形成有效的风险分担与协作机制，促进了各级卫生资源的有效利用和连续的、全面的、以人为中心的、高质量的整合服务的提供。

因此，我国医保支付方式的改革应在门诊和住院现有支付方式改革的基础上，进一步突出医药服务的价值导向，实施基于绩效/质量的支付，使医保基金的支付产生有效的服务产出，将有限的资源配置于更有价值、更高质量的医药服务上。尤其是在支付方式向预付制转变的过程中，针对预付制下可能出现的必要服务提供不足、服务质量降低等潜在问题，可有针对性地设定绩效指标，嵌入按绩效付

费方式，从而在提升医药服务效率的同时保障服务的质量，达成医保方所期望的价值目标。

对医疗服务供方出现的整合型医疗服务新模式，医保方应强化经济激励，实施对医疗联合体提供的整合型服务的打包付费，促进各级各类卫生服务提供者产生内在分工协作动力，提升服务的连续性、协同性和有效性并降低不合理的医疗费用。同时，应积极实施家庭医生签约服务的按人头付费，夯实基层医疗卫生机构健康服务和费用"双重守门人"的功能。通过创新支付方式，激励医疗服务供方重塑有序的服务体系，整合并优化卫生资源使用。

在实施复合式支付方式中，不同的服务购买方对同一类别的服务机构、同一类别的服务的支付方式均可能存在差异。在实际操作中应在支付制度设计中考虑并调整多种支付方式的组合及其激励机制，使之相互之间协同、一致；在涉及多个购买方的复合支付时需增加其协同性，提升复合式支付的整体绩效。

四、通过协议管理强化对供方服务合理性与质量的约束，引导服务供给

协议管理是医保经办机构对医疗服务供方实施战略性购买的工具，对规范医药机构服务行为、合理诊疗和提升服务质量具有重要的引导作用。通过对医药机构的资质、卫生资源、内部管理能力等进行评估，医保经办机构可遴选符合资质、具有较高服务能力的医药机构成为定点医药机构，从源头上把关。

在实施协议管理的过程中，医保经办机构可将对定点医药机构的服务合理性、服务质量、效率等管理要求列入协议，并对医药机构的履约情况实行绩效考核。根据绩效考核情况对定点医药机构实施动态管理，绩效考核好的定点机构可优先续约并简化续约手续，绩效考核不佳的定点机构可终止协议，形成退出机制。同时，可以通过建立定点医药机构的信用管理体系，以营造对定点医药机构长期、持续的诚信环境，促进其守信行为。

在服务购买对象的选择上，医保部门可适当扩大范围。一方面，可有针对性地扩大对民营机构医疗服务的购买。从国际经验看，在合理的购买机制安排下，无论是公立还是民营医疗机构，都能够成为良好的服务提供者。医保通过战略性购买选择具备条件的民营医疗机构作为定点医疗机构，与公立医疗机构形成竞争，通过市场机制相互促进，有利于促进医疗机构提供更充足、更多样化的服务，更好地满足公众的需求。另一方面，应审慎购买互联网医疗服务，导向性改善偏远地区医疗卫生资源均衡性。国际上医疗保险对于互联网医疗的购买主要覆盖卫生资源短缺地区的远程医疗服务，重点是提高农村地区医疗卫生服务的可及性、可

负担性和服务质量。我国医保部门对互联网医疗/远程医疗服务的支付尚在探索阶段，且对互联网医疗的服务范围、服务模式、与医疗机构的关系等方面仍处于探索发展过程中，建议现阶段基本医保对互联网医疗服务/远程医疗服务的购买侧重于"雪中送炭"，着眼于改善偏远农村地区医疗卫生服务供给水平，满足居民基本医疗卫生服务需求。

五、以信息化为支撑加强对供方服务行为的监测评价

监测评价是医保战略性购买有效实施的保障。以信息化为支撑，医保经办机构定期或不定期地对定点医药机构的服务行为进行跟踪、监测和评价，了解供方的服务行为、服务结果和费用，可评估战略性购买目标的达成情况。例如，医保智能审核系统可甄别异常行为和费用；实施 DRG 支付或 DIP 支付的情况下进行机构间病例指数分析及同组别间资源消耗的监测和比较，有助于了解不同医疗机构服务效率的差异。通过监测评价，可为定点医药机构绩效考核和信用评定提供信息支撑。

六、强化沟通机制，推动供方通过内部管理将医保经济激励传导内化

医保战略性购买对定点医药机构形成强有力的外部经济激励，由于机构目标与医务人员个人目标存在差异，需通过供方设计合理的内部管理制度，尤其是整合型医疗服务体系（如医联体、医共体等），将外部激励传导至内部机构及其医务人员。建议医保部门在实施支付制度改革的同时，加强与定点医药机构的沟通、培训和指导，使各医疗机构相关负责人深度领会战略性购买的价值导向。在此基础上，有关部门需积极推动公立医院深化改革，完善供方内部绩效考核方式和薪酬分配机制，有效地将外部激励传导内化为供方运行机制，产生机构与医务人员的激励相容，从而主动改变其服务行为，促进服务质量和效率的不断提升。

附录 支付制度术语中英文对照

Accountable Care Organizations（ACO） 责任保健组织

add-on payment 附加支付

adjacent diagnosis related groups（ADRG） 核心疾病诊断相关分组

benchmark price 基准价格

bundled payment 捆绑支付

capitation 按人头支付

case group weight（CGW） 病例组权重

case mix index（CMI） 病例组合指数

case-based payment 按病种支付

cost-shifting 成本转移

cream-skimming "撇奶油"

diagnosis related groups（DRG） 疾病诊断相关分组

diagnosis-intervention packet（DIP） 按病种分值付费

episode-based payment 按治疗事件支付

expenditure cap 支出上限制

expenditure target 支出目标制

global budget 总额预算

mixed provider payment system（MPPS） 复合式支付方式

payment rate 支付标准

performance-based payment 按绩效支付

population-based payment 基于人群的支付

post payment system 后付制

prospective payment system 预付制

provider payment system　　　　　　　　供方支付制度

Quality and Outcomes Framework（QOF）　质量和结果框架

related weight（RW）　　　　　　　　　　相对权重

service-shifting　　　　　　　　　　　　服务转移

strategic purchasing　　　　　　　　　　战略性购买

upcoding　　　　　　　　　　　　　　　诊断升级